101 Dinge,
die man über U- und S-Bahnen
wissen muss

Michael Dörflinger

101 Dinge
die man über
U- und S-Bahnen
wissen muss

Inhalt

Vorwort

Millionen Menschen erfuhren es in diesen trüben Zeiten tagtäglich, was es heißt, ohne S-Bahn oder Untergrundbahn auskommen zu müssen. Denn viele Betriebe wurden wegen der Corona-Pandemie zugesperrt. Ein Glück nur, dass einige Firmen ihre Mitarbeiter ins Homeoffice schickten und dass der gewohnte Shopping-Gang nicht möglich war, denn sonst wäre der Verkehrskollaps unvermeidlich gewesen.

S- und U-Bahnen, Hochbahnen, Metros oder People Mover beschleunigen Transfers und sorgen dafür, dass die Straßen nicht völlig im Blech ersticken. Sie machen das Leben in den Ballungsräumen einfacher und schöner. Für Viele geht von ihnen ein besonderer Reiz aus – und das ist nicht nur ein Spleen.

Wie faszinierend die Welt des schnellen Nahverkehrs ist, kann man in diesem Buch lesen. Es berichtet in 101 Kapiteln von vielen interessanten Geschichten, von wichtigen Informationen, von Rekorden und Kuriositäten rund um ein einzigartiges Verkehrsmittel. Und es blickt in die Zukunft, denn die technische Entwicklung von Metro, Subway oder Underground ist noch längst nicht abgeschlossen. Vor allem angesichts der Klimakatastrophe werden intelligente Fortbewegungskonzepte immer wichtiger.

Der Autor ist sich bewusst, dass er sich in einem Thema befindet, in dem nichts so sicher ist wie die Veränderung. Täglich hört man von neuen Streckeneröffnungen oder völlig neuen U-Bahn-Betrieben, die vor allem in Asien wie die Pilze aus dem Boden schießen. Dieses Buch kann bei seinen Rekord- und Datenkapiteln deshalb nichts anderes sein als eine Momentaufnahme. Es gibt zudem unterschiedliche Quellen, die oft sogar völlig gegensätzliche Informationen liefern. Das alles galt es abzuwägen und zu bewerten.

Am Ende steht ein Werk mit vielen Facetten, bei dessen Lektüre ich allen Lesern viel Freude wünsche – und natürlich: gesund bleiben!

Augsburg im Herbst 2020

Michael Dörflinger

Die älteste U-Bahn der Welt

Unter den Straßen von London

1

Mitte des 19. Jahrhunderts war Großbritannien die bedeutendste Weltmacht. Hier hatte die Industrielle Revolution ihren Anfang genommen, die vielen Kolonien spülten Reichtümer in die Hauptstadt des Reiches, das seit der Niederlage Napoleons bei Waterloo keinen Konkurrenten mehr zu fürchten hatte. London boomte und der Verkehr nahm enorme Ausmaße an. Die verschiedenen privaten Eisenbahngesellschaften hatten Kopfbahnhöfe errichtet, die außerhalb des Stadtzentrums angelegt waren. So war Paddington der Londoner Endbahnhof der Great Western Railway (GWR) des berühmten Chefingenieurs Isambard Kingdom Brunel. Die GWR erschloss den Südwesten Englands und Wales.

Um den Reisenden den Straßenverkehr in die City zu ersparen und sie schnell zum Bahnhof King's Cross zu bringen, aber auch um Güter ins Zentrum zu befördern, kam die Idee einer Bahn im Untergrund auf. Es hatte schon seit spätestens 1836 immer wieder Überlegungen gegeben, die Eisenbahn bis in die Innenstadt zu führen, doch war es niemandem gelungen, die

Die Station Baker Street der Metropolitan Railway sollte so aussehen. Sie gehört zum ältesten Streckenabschnitt der 1863 eröffneten U-Bahn. Bild: Sammlung Michael Dörflinger

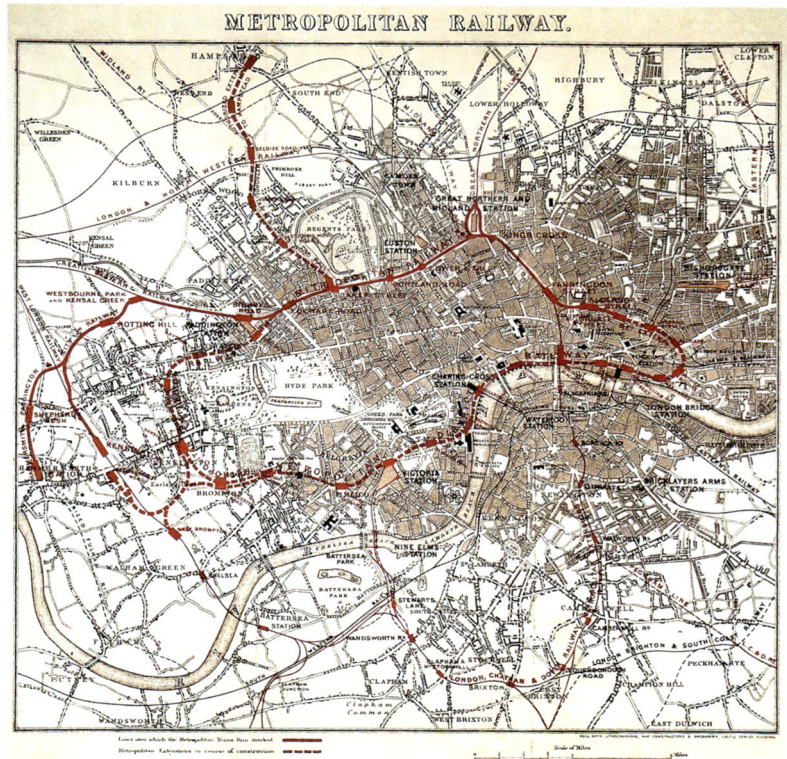

Diese Karte zeigt das Netz der Metropolitan Railway in London in seiner Ausdehnung um 1867. Gestrichelte Linien bezeichnen Abschnitte im Bau. Bild: Sammlung Michael Dörflinger

Zustimmung der Öffentlichkeit, geschweige denn die nötigen Geldmittel aufzubringen. So dauerte es bis 1860, dass die Bauarbeiten beginnen konnten. Doch dann ging es recht schnell. Am 9. Januar 1863 startete der erste Zug mit Ehrengästen auf der neuen Strecke zwischen Paddington und Farrington im Westen Londons. Es war die Geburtsstunde der U-Bahn. Schon am folgenden Tag begann der Regelbetrieb.

Die Metropolitan Railway, so der Name dieser neuen Attraktion, verkehrte unter der Erde. Sie war mit Dreischienengleis ausgestattet, denn die Breitspurzüge der GWR fuhren dort zunächst ebenso wie die normalspurigen der Great Northern Railway, die die Hauptstadt mit den nördlich gelegenen Regionen Großbritanniens verband. Man setzte Dampflokomotiven ein. Wie man auf dem Bild auf Seite 8 sieht, wurden an der Oberseite der Tunnelröhre Öffnungen angebracht, in die sich der Dampf verziehen sollte. Doch das klappte nicht wie gewünscht. Vor allem das Lokpersonal litt häufig unter wüsten Kopfschmerzen. Die Passagiere, die sich ohnehin nicht den ganzen Tag im Untergrund aufhielten, hatten es besser. Sie saßen in Abteilwagen, die mit Gaslampen beleuchtet wurden. Es gab drei Klassen.

Sehr schnell war klar, dass dieses neue Verkehrsmittel enorme Vorteile brachte. So war es kein Wunder, dass die Idee, alle Bahnhöfe der Stadt mit einer Ringlinie zu verbinden, nicht lange auf sich warten ließ. Der „Inner Circle" sollte im südlichen Abschnitt von der neu gegründeten „District Railway" gebaut werden. Gleichzeitig verlängerte die Metropolitan ihre Strecke, etwa nach Notting Hill und Hammersmith. Doch zu einem vollständigen Ring kam es wegen Differenzen der Betreiber und anderen Problemen erst viele Jahre später. Im Laufe der Jahre gruben noch mehrere andere Anbieter in den Untergrund von London ihre eigenen Strecken.

Eine dieser Gesellschaften war die City and South London Railway, die bei Inbetriebnahme ihrer Strecke am 4. November 1890 zwei Rekorde für sich verbuchen konnte: Sie war die erste in einer Röhre tief unter der Erde verlaufende U-Bahn und sie war die erste elektrisch betriebene U-Bahn-Strecke. Damit setzte sie die Konkurrenz unter Zugzwang und in den folgenden Jahren wurden alle U-Bahnen elektrifiziert. Die in der Röhre – im Englischen „tube", weshalb die Londoner U-Bahn im Volksmund auch „Tube" heißt – fahrenden Züge waren wegen des geringeren Tunneldurchmessers deutlich enger als die der anderen Gesellschaften. Sie werden im Gegensatz zu den Großprofillinien als Kleinprofillinie bezeichnet. 1908 schlossen sich die U-Bahngesellschaften zusammen, um der Öffentlichkeit

Jungfernfahrt der ersten U-Bahn der Welt. Mit hohen steifen Zylindern auf dem Kopf sitzen die Ehrengäste dicht gedrängt im offenen Wagen, der eine perfekte Rundumsicht ermöglichte, um die neue Bahn intensiv zu erleben. Bild: Sammlung Michael Dörflinger

UNDERGROUND

THE CITY AND SOUTH LONDON RAILWAY

RE-OPENED 1924

at an extra cost of £3,000,000

THE CITY AND SOUTH LONDON RAILWAY

OPENED 1890

its total cost was £3,000,000

FROM EUSTON TO CLAPHAM COMMON
THE TRANSFORMATION
IS COMPLETE

Der rote Kreis mit weißer Schrift auf blauem Mittelbalken wurde 1908 entworfen und ist heute legendär. Die Züge fahren inzwischen mit Strom. Bild: R. T. Cooper/Library of Congress

mit einem gemeinsamen Streckennetzplan und einem einheitlichen Logo ein einheitliches Bild zu präsentieren. Die London Underground war geboren, auch wenn diese Bezeichnung schon vorher verwendet wurde. 1900 war der US-Amerikaner Charles Tyson Yerkes mit der Underground Electric Railways Company of London (UERL) auf der Bildfläche erschienen.

Die Linien der London Underground

Metropolitan Line	1863	66,4 km	34
Hammersmith & City Line	1864	26,5 km	29
District Line	1868	64,0 km	60
Circle Line	1884	22,5 km	27
Northern Line	1890	57,6 km	51
Waterloo & City Line	1898	2,4 km	2
Central Line	1900	74,0 km	49
Bakerloo Line	1906	23,2 km	25
Piccadilly Line	1906	70,4 km	52
Victoria Line	1969	22,5 km	16
Jubilee Line	1979	36,2 km	27

Er vereinigte einen Großteil des ÖPNV Londons unter seiner Hand. 1933 wurden die UERL, die Great Northern & City Railway und die Metropolitan Railway verstaatlicht und zur London Passenger Transport Board vereinigt. Die lange Jahre größte U-Bahn der Welt wurde seit einiger Zeit von den stark wachsenden Metro-Netzen in Guangzhou, Schanghai und Peking überholt.

Die erste Probefahrt

Mit der Londoner Untergrund-Eisenbahn

2

»Es war die erste Versuchsreise mit gewöhnlichen Sterblichen von der
Oberwelt, denen nicht nur freie Fahrt, sondern auch, im Falle eines
mit dem Leben bezahlten Unglücks, unentgeltliches Begräbniß zugesi-
chert war. Außerdem erwartete die Ueberlebenden ein Frühstück mit
Champagner am nördlichen Ende der unterirdischen Eisenbahn. (...)

Ganz im nordöstlichen Winkel des Personenperrons entdeckte ich eine klein
aussehende, schwarze, gähnende runde Oeffnung. Das ist die Untergrundbahn,
hieß es. Kaum groß genug, wie es schien, daß ein langer Mann mit Angströhre drin
stehen oder eine crinolinirte Unschöne in der Quere Platz finden könnte. Ganz in
der Nähe betrachtet wurde sie freilich größer, blieb aber entschieden zu klein für
die gewöhnlichste Locomotive. Richtig. Darum haben sie ungewöhnliche für diese
Maulwurfsgänge. Da steht eine vor dem Eingange, doppelt so lang, als jede andere,
die ich bisher gesehen, mit gar keinem hervorragenden Schlot, dafür aber doppelt
so dünn und schlank und mit einer wunderbaren Fähigkeit, wie ich hernach sah,
Dampf auszupuffen, oder es ganz zu lassen, ohne dadurch an Kraft zu verlieren. In
der That steckt sie, sobald sie im Tunnel zu thun hat, ihre Pfeife in die Tasche und
arbeitet, ohne zu rauchen.

Nach etwa einer halben Stunde standen vielleicht ein halbes Hundert Herren
um dieses seltsame Monstrum und beäugelten es mit prüfenden Blicken. (...) [die
Wagen] waren blos Kasten auf Rädern mit hölzernen Bänken, unten mit Stroh-
matten beteppicht. Um uns Muth einzuflößen, erfuhren wir, daß erst nur eine kleine Ein- und Rückfahrt zwischen der ersten Station unter Edgeware Road gemacht
werden sollte. Unser Locomotiv-Maulwurf hörte also plötzlich auf zu zischen und
zu spucken, er unterdrückte seine Gefühle, hielt den Dampf-Athem an und schob
uns ganz zärtlich und spielerig einige hundert Fuß in den Abgrund hinein.

Abgrund! Es klingt so schauerlich. Und der Abgrund, der Tunnel sieht doch so
hübsch aus in seiner ewigen, glänzenden Gasbeleuchtung, in der man jeden Stein
des meisterhaften Mauergewölbes sehen und bewundern kann. Und dann die lange, enge, lichte Schlucht! Das ebene Hinrollen ohne Puffen, Zischen, Pfeifen und
Pusten. Es war ein ganz eigenthümliches Gefühl, das ich weiter nicht schildern
kann. In einigen Minuten waren wir allerdings schon am Ziele, aber da drangen
neue Empfindungen von der bretterbedeckten Station herab. Wir sahen und hörten
das Stampfen und Rollen der Oberwelt durch die Ritzen, durch welche Tageslicht
und Menschenaugen neugierig herabforschten voller Wunder, daß hier unten
Maulwürfe mit Dampf durch die Erde fahren. (...) Sofort schrillte es durch den

Tunnel, dicht an unseren Ohren, wie drei Dutzend aufkreischende weibliche Discant-Gurgeln. Dampf und heiße Asche umfauchten uns erstickend, tosend, rasend wie in einem echt russischen Dampfbade. Einige ängstliche Naturen schrieen aus Leibeskräften dazwischen, der Ingenieur und die bereits Eingeweihten lachten — und ehe wir uns recht besannen, flogen wir auch schon wieder heraus an's Tageslicht, um zu erfahren, daß sich Directoren und Ingenieur blos den Spaß gemacht hatten, uns auf diese Weise den hohen Werth der Untergrund-Locomotive recht anschaulich zu machen, die Wohlthat der Erfindung, mit der Locomotive ohne Dampfentwickelung nach außen zu fahren.

Nun galt es die ganze Fahrt bis in den großen Nordbahnhof mit stiller Locomotive. Still fuhren wir wieder eine Strecke, bis wir vor einer noch unfahrbaren Stelle hielten. (...)

In Heft 17 des Jahrgangs 1862 liest man auf S. 265–267 diesen hier etwas gekürzten Bericht des London-Korrespondenten.
Bild: Sammlung Michael Dörflinger

Einer von der Compagnie gab aber Befehl, daß man ein paar Minuten warten solle, um den Herren just die verschiedenen Abtheilungen einer unterirdischen Station zu zeigen. Wir nahmen also zunächst die beiden Perrons für Hin- und Her-Passagiere in Augenschein, dann die Schuppenräume für Locomotiven und Waggons zum Anhängen und als Reserve, den Untergrund-Thurm, dessen Inneres eine Wendeltreppe aufnehmen sollte, sonstige ausgemauerte Löcher und Höhlen für Wärter, Inspectoren, Telegraphie etc., Alles unter Steinpflaster, Straßen und Häusern ausgewühlt, wasserdicht ausgemauert und mit „ewigen Lampen" erleuchtet.

(...) Auf einer senkrecht, schnurgerade in einen dunkeln Abgrund führenden Leiter eine Höllenfahrt zu machen, das war für Viele von uns eine starke Zumuthung. Aber es half, nichts, entweder – oder. So kletterten wir denn auch mit raschem Entschlusse dicht hinter einander unterweltwärts (...).

Da unten aber war's fürchterlich! Mit Hülfe von ein paar armseligen Lichtern mußten wir durch eine nur theilweise gewölbte, unten noch lehmige, zähe, mit Wasserpfützen aufleuchtende Schlucht bis zu dem harrenden Zuge weiter und zwar im gefährlichsten Gänsemarsch auf einem platschigen, schlüpfrigen Brett.

(...) Dieses vielstimmig-mißtönige Schreckensgeheul und Geknete während der verschiedenen Grade der Auferstehung und des Ausgrabens eigener und fremder lebendiger Gliedmaßen, und dann der neue Schreckensruf, als mit furchtbar rasch wachsendem dumpfen Donnergebrüll ein Zug heranbrauste, vor oder hinter uns, – ich will diesen Augenblick des Entsetzens nicht ausmalen. Glücklicherweise schrie ein Mann vorn aus Leibeskräften, daß der gewöhnliche Zug mit ausgegrabener Erde diese Schlucht gar nicht passire.

Wie wir bei Lichte aussahen, braucht Niemand so genau zu erfahren. Aber es muß doch sehenswerth gewesen sein; denn als wir später mit unsern „Ueberziehern" aus der Unterwelt an's Tageslicht kamen, blieben die Leute stehen und hatten ihre kannibalische Freude an uns Gnomen oder unterirdischen Erdmännern. (...)

Wir erreichten den harrenden Zug, machten wieder eine kleine unterirdische Eisenbahnreise, stiegen wieder durch eine enge Oeffnung senkrecht an's Tageslicht, marschirten bis zum nächsten Schacht, kletterten noch einmal hinunter und fuhren von da an endlich mit ordentlichem Dampf, auf ordentlichen Schienen durch den erleuchteten Tunnel an's Ziel im ungeheueren Bahnhofe der großen Nordbahn an King's Cross, ohne besondere Abenteuer zu erleben oder Todte zurückzulassen. Aber zu bewundern gab's genug unterwegs. Obgleich ich weder ein Bau- noch ein Maurermeister bin, hatte ich doch eine Idee von den ungeheueren Schwierigkeiten und der Schönheit dieser meilenlangen Eisenbahn-Tunnels. Die sichtbaren Mauerschichten, die graziösen, massiven Curven, Bogen und Wölbungen, die oben, wie man uns sagte, bis drei Fuß hoch unter den Straßen und Häusern aufsteigen – (je nach Unebenheit des Bodens) während sie horizontal fortlaufend manchmal bis 10 und 14 Fuß sinken – dieser unter der Erde, unter London hinlaufende Heroismus des Unternehmungsgeistes nöthigte uns höhere Achtung ab, als der stolzeste Kasernenbau in Berlin mit seinen elektrischen Drähten, die sie mit dem königlichen Schlosse zu einem Organismus des Vertrauens verbinden.

An Stellen, wo das Mauerwerk ungewöhnliche Lasten von oben und den Straßenverkehr tragen muß, hat es die Form eines Apfels mit einem Loche durch; ringsum, auch unten, zehnfaches Gemäuer, das nie geringer wird, als sechsfach. Diese sechs- bis zehnfachen Mauerschichten sind von außen mit wasserdichten Stoffen und außerdem von dichten Asphalt-Schichten umgeben, so daß durchaus kein Wasser eindringen kann. Es ist das Werk der ausgesuchtesten Arbeiter, von denen Jeder wöchentlich 2–3 Pfund (13 bis 20 Thaler) verdient. (...) Der ganze Bau ist, soweit er vollendet, durchaus trocken, rein, hell und durch gute Ventilation mit stets gesunder Luft versehen. Von den ungeheueren Kosten, Beschwerlichkeiten, Mühen und Genialitäten, womit auf diesem unterirdischen Wege Cloaken, Gas- und Wasserröhren, elektrische Telegraphen und sonstiges unterirdisches Aderwerk unterbunden, verlegt, oben oder unten wieder hergestellt werden mußte, wußten uns Directoren Wunderdinge zu erzählen. Alles ist bis jetzt geglückt und gelungen. (...)«

Älteste elektrische U-Bahn

3

London macht dem Dampf ein Ende

Am 4. November 1890, auf einem Teilstück der heutigen Northern Line, das damals von der City and South London Railway betrieben wurde, eröffnete Bertie, der Sohn von Queen Victoria und spätere König Edward VII., die erste elektrische U-Bahn der Welt. Siemens & Halske war federführend beteiligt. Der Elektrolok wurde über eine Stromschiene Kraft zugeführt. Sie konnte drei Wagen mit bis zu 40 km/h mit vier Zwischenhalten unter der Themse von Stockwell nach King William Street ziehen. Der Fahrkomfort war mit der heutigen U-Bahn allerdings nicht zu vergleichen. Wer eine Lok und einen Wagen der Anfangsjahre sehen möchte, kann diese im London Transport Museum bestaunen. Es ging alles extrem eng zu. Erst 1923 wurde der Tunnel aufgebohrt, sodass größere Züge zum Einsatz gelangen konnten. Die Vorteile des elektrischen Betriebs waren den Londonern so augenfällig, dass bald ab 1890 alle U-Bahnen der Stadt elektrifiziert wurden. Heute kann man sich eine andere Antriebsart gar nicht mehr vorstellen.

Blick in die Elektrik eines U-Bahn-Fahrzeugs der Londoner U-Bahn um 1946.
Der Strom kam allerdings von Kohlekraftwerken. Bild: London Transport Museum

U-Bahn-Schacht als Bunker

Sicher gegen deutsche Bomben

4

Besonders die im Schildvortrieb gebauten Stationen der Londoner „Tube" liegen mit rund dreißig Metern sehr tief unter der Erde. So war es kein Wunder, dass sich dorthin bei den ersten Luftangriffen der deutschen Bomber im Zweiten Weltkrieg viele Londoner flüchteten. Es wurden von der Regierung Luftschutzbunker eingerichtet, in denen die Bürger der Hauptstadt nachts schlafen oder zumindest sicher ruhen konnten.

Überleben und Arbeiten im Untergrund

Doch auch die Regierung nutzte die Sicherheit der Stollen. So wurden etwa bedeutende Kunstwerke eingelagert. In der seit 1932 geschlossenen Station Down Street hielt eine Zeitlang Churchill seinen Kriegsrat. Vor allem aber war dort das Railway Executive Committee untergebracht, das die Eisenbahnen des Landes kontrollierte. An anderen Orten wurden Einrichtungen für die Kriegsindustrie untergebracht, die als besonderes Ziel der deutschen Bomben galten und deshalb speziell gesichert wurden. Der Firma Plessy standen dafür Abschnitte eines neuen, aber noch nicht in Betrieb genommenen Abschnitts der Central Line zur Verfügung. Eine kleine Feldbahn für den Transport wurde eingerichtet, man erkennt die Gleise auf der Abbildung rechts obenauf der linken Seite.

Die U-Bahn trug sehr stark dazu bei, den Durchhaltewillen des britischen Volkes gegen die Bedrohung durch die Nazis zu stärken. Beim „Blitz", wie die Bombenangriffe in England genannt werden, hatte Hitlers Strategie einmal mehr versagt.

Eine gestellte Aufnahme, aber die Schlafgelegenheiten in einem Tunnel waren im Zweiten Weltkrieg Realität.
Bild: Toni Frissell Collection/Library of Congress

Zwischen den Stationen Leytonstone und Gants Hill der Central Line arbeiteten diese Frauen ab 1942 für die Firma Plessy und stellten Flugzeugkomponenten her. Bild: London Transport Museum

In der Station Aldwych der Piccadilly Line in der Londoner City suchen diese Menschen Schutz vor den Nazi-Bombern. Heute ist die Station geschlossen. Bild: Imperial War Museum

Es begann in Europa

Die ältesten U-Bahnen der Welt

5

Anders als bei dem Siegeszug der Eisenbahn, der schon sehr bald nach der Jungfernfahrt des ersten Zuges zwischen Stockton und Darlington einsetzte, fand die Metropolitan Railway von 1863 kaum Nachahmer. Das lag sicherlich zunächst an den enormen Kosten, die solche Projekte verursachten, aber auch an den Problemen, die ein Graben unter dem Boden bedeutender alter Kulturstädte mit sich bringt. In den folgenden dreißig Jahren konnten nur New York und Chicago mit eigenen Schnellverkehrssystemen aufwarten. Allerdings handelte es sich dabei um Hochbahnen, die aufgeständert über den Straßen verliefen. 1893 eröffnete Liverpool ebenfalls eine Hochbahn.

Dreiunddreißig Jahre lang war die U-Bahn in London die einzige der Welt, wenn man die unterirdische Standseilbahn „Tünel" in Istanbul von 1875 nicht mitrechnen will, die oft als zweitälteste U-Bahn der Welt bezeichnet wird. Wobei wir schon bei der Problematik wären, was man mitzählen will. Eine ähnliche Seilbahn durch einen Tunnel gab es bereits 1862 mit der Funiculaire de Lyon, einer Standseilbahn, die allerdings als Eisenbahn galt. In der griechischen Hauptstadt Athen wurde ein Tunnel, der heute zur U-Bahn gehört, ab 1869 befahren. Bereits 1844 wurde in Brooklyn der Atlantic Avenue Tunnel in Betrieb genommen, der ebenfalls nur von einer Eisenbahn befahren wurde.

Österreich-Ungarn folgt mit Abstand

Erst 1896 konnte die nächste „richtige" U-Bahn eröffnet werden. Und viele mochte es überraschen: Sie war in Budapest entstanden. Die Hauptstadt des ungarischen Teils der Habsburger Doppelmonarchie Österreich-Ungarn hatte der Kapitale Wien den Rang abgelaufen, die erst zwei Jahre später folgte. Man hatte sich in Budapest beeilt, weil man die Bahn anlässlich der Tausendjahrfeier Ungarns und der großen Budapester Millenniumsausstellung eröffnen wollte. Ein wichtiger Impulsgeber war der deutsche Elektropionier Werner von Siemens, der es bis dahin nicht hatte durchsetzen können, für Berlin eine Hochbahn zu bauen. Er wollte zeigen, was seine Firma konnte und bekam von Budapest den Auftrag. 1897 wurde mit der Tremont Street Subway in Boston die erste U-Bahn außerhalb Europas fertig. Der Untergrund-Teil bestand aus einem langen Tunnel mit fünf Stationen.

Im Jahr 1900 wurde eine der berühmtesten U-Bahnen eröffnet: die Pariser Métro. Sie sollte sich in den folgenden zehn Jahren zu einem ansehnlichen Betrieb mit sieben Linien mausern.

Ein Jahr später schwebten im heutigen Wuppertal Bahnen über den Fluss. Wieder ein anderes Nahverkehrskonzept hatte damit seine Premiere gefeiert. Es sollte bis 1902 dauern, dass in Berlin der Verkehr mit einer Hoch- und Untergrundbahn aufgenommen wurde. Die heutigen Berliner Stadtteile Schöneberg, Wilmersdorf und Dahlem und 1912 auch Hamburg folgten. Bis zum Beginn des Ersten Weltkriegs wurden noch die in Philadelphia und in Buenos Aires die erste U-Bahn Südamerikas eröffnet.

Zwischen den Weltkriegen kamen in Europa nur Madrid, Barcelona und Moskau hinzu. In Asien entstand 1927 die U-Bahn in To-

BRIGHTEST LONDON
IS BEST REACHED BY
UNDERGROUND

Werbeposter der London Underground von 1924. Horace Taylor stellte ein buntes Völkchen auf eine Rolltreppe.
Bild: Horace Taylor/Library of Congress

kio, sechs Jahre später besaß auch Osaka seine U-Bahn. Angesichts des noch nicht so starken Autoverkehrs in den meisten Städten wurde in der Regel ein Straßenbahnbetrieb vorgezogen, der deutlich billiger aufzubauen ist.

Der asiatische Boom

Seit den 1950er-Jahren entstanden in vielen vor allem europäischen Metropolen neue U-Bahnen. Das Untergrund-Verkehrsmittel wurde stets sehr gut angenommen und leistete einen wichtigen Beitrag zur Entzerrung des oberirdischen Verkehrs. Ein wahrer Boom setzte jedoch im neuen Jahrtausend ein, wobei das übervölkerte Asien Akzente setzt. Besonders in China und Indien entstehen viele neue Netze in einem unglaublichen Tempo. Nach der ersten U-Bahn in der arabischen Welt in Kairo sind inzwischen weitere moderne Metro-Betriebe entstanden. Auch in Australien gibt es jetzt eine U-Bahn.

Ikonen des Verkehrs

Die Logos der U-Bahnbetriebe

6

Während in Deutschland das nüchterne weiße „U" auf blauem Grund auf die Abgänge hinweist, an denen man in die Unterwelt gelangt und in einen der langen Züge einsteigt, oder man das weiße „S" auf grünem Grund sehen kann und damit weiß, dass man an einer S-Bahn-Station ist, gibt es anderswo Symbole, die einen zum Träumen bringen. Die Zugänge der Pariser Métro wurden bei ihrem Bau durch gelb-grüne Schilder mit der Aufschrift Métropolitain in einem faszinierenden Jugendstildesign des bekannten Designers Hector Guimard gestaltet. Oftmals waren sie auch noch mit einem schirmähnlichen Dach versehen. Später kamen von Adolphe Dervaux gestaltete Kandelaber im Stil des Art déco hinzu. Das Londoner Logo hat es bis auf T-Shirts geschafft. Unter Musikfreunden genießt es einen ebenso guten Ruf wie bei den Freunden der Untergrundbahn. Auf der ganzen Welt pflegen die Betriebe ihr eigenes Logo – mal schöner, mal langweiliger.

Unten der Jugendstil-Schriftzug der Pariser Métro, rechts oben das legendäre Logo der Londoner U-Bahn, rechts unten die deutschen S- und U-Bahn-Symbole, ganz rechts Stockholm. Bilder: Lilo Kapp/Pixelio.de (unten), Stefan Emilius/Pixelio.de (rechts oben), Petra Dirscherl/Pixelio.de (rechts unten), Knase/Pixelio.de (rechts ganz außen)

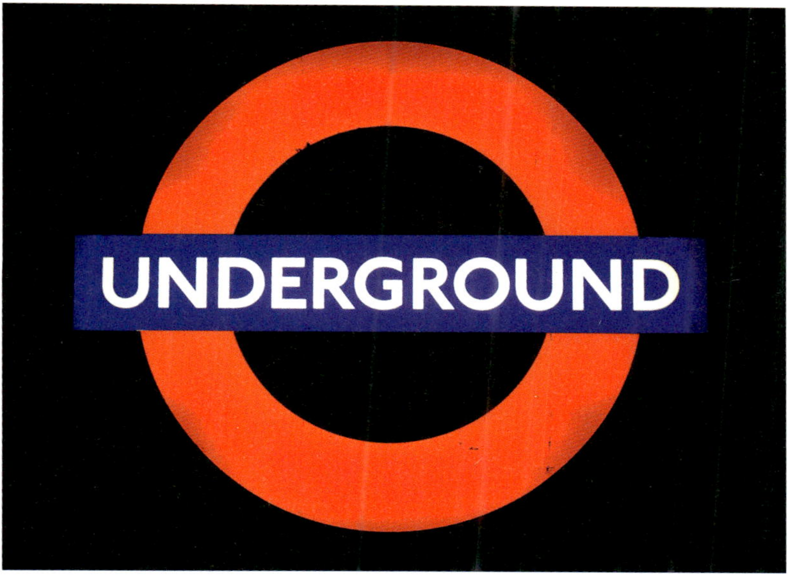
UNDERGROUND

U
Marienplatz

T

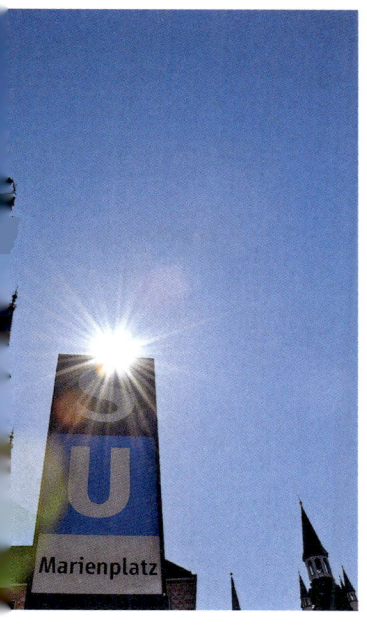

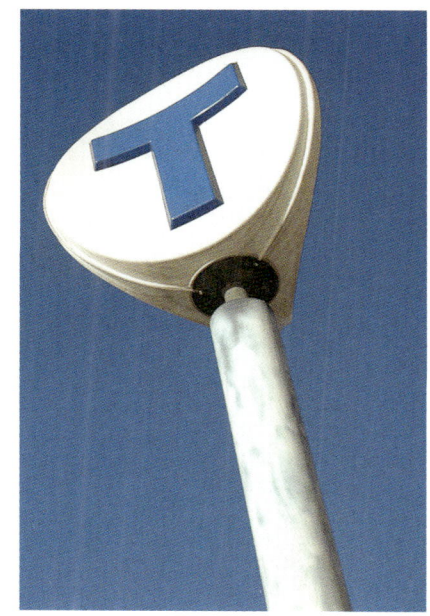

Glanz der Donaumonarchie

Die U-Bahn von Budapest

7

Andrássy út heißt die breite Prachtstraße in Budapest, die den Elisabethplatz mit dem Heldenplatz und dem Stadtwäldchen (Városliget) verbindet, wo 1896 die Milleniumsausstellung stattfand und das heute ein beliebter Park mit attraktiven Freizeitangeboten ist. Mit dieser Ausstellung sollte der tausendste Geburtstag Ungarns gefeiert werden. 1894 hatte die Budapester Elektrische Straßenbahngesellschaft zusammen mit der Firma Siemens & Halske Pläne eingereicht, die eine U-Bahn unter der Andrássy-Straße vorsahen. Der Magistrat schlug zwei Fliegen mit einer Klappe, denn dieses Projekt konnte das Beförderungsproblem zur Ausstellung ebenso lösen wie es einen Glanzpunkt für die Stadt darstellte. Im Rekordtempo wurden sämtliche Genehmigungen erteilt und bereits am 29. Dezember 1894 konnten die Bauarbeiten der „Ferencz József Földalatti Villamos Vasút" („Elektrische Untergrundbahn Franz Joseph") beginnen. Der Boulevard wurde der Länge nach

Ein Gelenkwagen von Ganz fährt in die Station Opera der Budapester U-Bahn ein. Das Design der Station ist eher schlicht, aber ansprechend gestaltet. Bild: Ymblanter/CC BY-SA 4.0

Der deutsch-ungarische Fotograf György Klösz foto-
grafierte 1896 die Arbeiter beim Bau. Bild: György Klösz
Rechts eine zeitgenössische Grafik der Architektur der
neuen U-Bahn. Bild: Sammlung Michael Dörflinger

aufgegraben und die Strecke dann gebaut.
Dann wurde ein stabiler Deckel darüber gelegt, Werner von Siemens nannte das eine
Unterpflasterbahn. Das Prestigeprojekt wurde rechtzeitig fertig und am 2. Mai 1896 eröffnet. Eine Woche später besichtigte der
Kaiser und ungarische König Franz Joseph die U-Bahn. Er fuhr die gesamten 3,68 Kilometer ab, und es scheint ihm gefallen zu haben.

Lange nur eine Linie

Erst in den 1970er-Jahren bekam Budapest zwei weitere Linien, die
von Ost nach West und Nord nach Süd verlaufen. 2014 kam noch eine
vierte hinzu, wodurch das Netz der ungarischen Hauptstadt auf 39,4 Kilometer Länge wuchs. In Zukunft soll noch eine fünfte Linie entstehen. Kon-
kretere Überlegungen dazu gibt es allerdings noch nicht. Die alte Milleni-
ums-Linie M1 wurde 2002 zusammen mit anderen Anlagen in Budapest
ins UNESCO-Weltkulturerbe aufgenommen.

Die Schotten geizen nicht

Die U-Bahn in Glasgow

8

Ein halbes Jahr nach Budapest, am 14. Dezember 1896 wurde die Glasgower U-Bahn eröffnet. Die Stadt im Südwesten Schottlands war damals die zweitgrößte in Großbritannien und eine reiche Industrie- und Handelsstadt. Sie hatte rund 700.000 Einwohner, die sich auf engem Raum drängten. Zu ihren Hochzeiten um 1939 zählte sie sogar über 1,1 Millionen Einwohner. Heute – nach dem Untergang der Textil- und Schiffbauindustrie – sind es unter 600.000 Bürger. Zur Entlastung des Verkehrs in dieser boomenden Stadt wurde 1887 mit der Konzeption einer U-Bahn begonnen. Dabei konnte man auf Erfahrungen zurückgreifen, denn in Glasgow existierte mit der Glasgow City and District Railway bereits eine Eisenbahn, die unterirdisch den Osten mit dem Westen der Stadt und die anschließenden Vorortlinien verband. Die neue U-Bahn, die damals als Glasgow District Subway bezeichnet wurde, sollte eine 10,5 km lange Ringlinie bilden, die auch die Bahnhöfe und das Stadtzentrum anschloss. Zu diesem Zweck musste der

Wagen 24 der Glasgow District Subway. Er wurde wie die anderen Wagen und Loks der Glasgower U-Bahn 1977 außer Dienst gestellt, als der große Umbau begann.
Bild: Strathclyde Partnership for Transport

Links sieht man einen Zug der zweiten Generation, der Ende der 1970er-Jahre produziert wurde. Rechts steht ein Modell der dritten Generation, die seit 2019 ausgeliefert wird.
Bild: Strathclyde Partnership for Transport

Clyde-Fluss zweimal unterquert werden. Hier war es auch, wo Tunnel im Schildvortriebverfahren gegraben wurden. Ansonsten hat Glasgow weitgehend eine Unterpflasterbahn. 15 Stationen wurden gebaut und auf diesem Stand ist die U-Bahn noch heute. Eine Besonderheit war der Antrieb der Züge, denn sie wurden als Seilbahn gezogen. Eine Dampfmaschine hielt die Seile am Laufen. Zum Halten musste der Fahrer den Zug vom Seil abkoppeln. Erst 1935 wurde auf elektrischen Betrieb umgestellt. Ungewöhnlich ist auch die extrem seltene Vier-Fuß-Spurweite (1.239 mm), die man auf der Welt sonst kaum noch findet.

Neuanfang nach drei Jahren Pause

1977 wurde der Fahrbetrieb eingestellt. Grund war ein umfangreiches Modernisierungsprogramm, bei dem nicht nur alle Stationen umgebaut wurden und Rolltreppen erhielten, sondern auch die Fahrstrecke modernisiert und als feste Fahrbahn ausgeführt wurde. Als Sahnehäubchen gab es ganz neue Züge. Am 16. April 1980 wurde die Glasgow Subway wieder eröffnet. Inzwischen sind die Fahrzeuge in die Jahre gekommen. Ab 2020 sollen neue Züge in Dienst gestellt werden, die von Stadler und Ansaldo STS hergestellt werden. Mit ihnen werden höhere Passagierzahlen möglich. Es ist auch vorgesehen, den fahrerlosen Betrieb einzuführen.

Eine Legende wird geboren

Die Pariser Métro

9

Die Belle Epoque – wie gern wird diese Zeit verklärt, in der die Menschen umgeben von Schönheit und Kunst lebten – zumindest, wenn sie nicht zu den Besitzlosen gehörten. Die französische Hauptstadt galt als das kulturelle Zentrum der Welt. Genau in dieser Zeit wurde die U-Bahn von Paris konzipiert und gebaut. Die Métro sollte wie 1889 der Eiffelturm zusammen mit dem Grand und dem Petit Palais der architektonische Hingucker der Weltausstellung von 1900 sein. Schon bald nach Eröffnung der Exposition Universelle startete die erste Métro der Linie 1 am 19. Juli 1900 zu ihrer Dienstfahrt zwischen den Stationen Porte de Vincennes und Porte Maillot als West-Ost-Transversale. Die Besucher der Weltausstellung erreichten mit ihr die meisten Ausstellungsflächen direkt und konnten auch an den Bois de Vincennes heranfahren, wo die Olympischen Spiele stattfanden. Betreiber der Bahn war die Compagnie du chemin de fer métropolitain de Paris (CMP). Sehr schnell wurden nun weitere Linien fertig

Ein Fahrzeug der Baureihe MF 67 fährt 2008 in die Station Sèvres-Babylonne ein. Es ist auf seinem Weg mit der Linie 12 nach Norden zur Porte de la Chapelle. Bild: Fabio Sommaruga/Pixelio.de

gestellt und 1913 fand man auf dem Netzplan zwölf Linien.

Zu dieser Zeit gab es auch zwei Linien, die nicht von der CMP, sondern von der Société du chemin de fer électrique souterrain Nord-Sud de Paris (Nord-Sud) betrieben wurden. Links im Bild sieht man eine Station der ehemaligen Linie A. Doch war das nur ein Intermezzo, denn bereits 1931 hatte die CMP die Konkurrentin übernommen. 1949 wurde die Métro verstaatlicht und unter dem Dach der RATP (Régie autonome des transports Parisiens) wurde der ÖPNV der Region zusammengefasst. Die Spurweite des Netzes beträgt 1.435 mm. Um die Geräuschentwicklung zu verringern und einen dichteren Fahrplan zu ermöglichen, wurden 1952 Gummireifen für die Métro eingeführt. Sie bewährten sich. Aus Kostengründen fahren aber nur einige Linien mit Reifen. Eine weitere Neuerung war die automatische Zugsteuerung Pilotage automatique, die bis 1969 eingeführt wurde.

Von Adolphe Dervaux gestalteter Kandelaber mit Métro-Schild, im Hintergrund das berühmte Lafayette-Kaufhaus. Bild: Margerretta

Auf dem Weg zur Vollautomatisierung

1998 wurde die neue Linie 14 eingeweiht. Sie hatte eine Besonderheit aufzuweisen. Die Bahnsteigtüren verrieten es schon: Die verkehrenden Züge hatten nämlich keinen Fahrer mehr, sie fuhren automatisch.Inzwischen wurde auch die Linie 1 in dieser Weise umgebaut. Weitere sollen folgen. Das Projekt, das mehrere neue Linien vorsieht, heißt „Grand Paris Express".

Das Streckennetz wurde stetig erweitert und besonders in den Außenbezirken gelangte die Métro auch an die Erdoberfläche oder fuhr als Hochbahn. Mit einer Länge von 219,9 Kilometern und 302 Stationen (manchmal liest man von 303 Stationen. Die RATP zählt nämlich die Standseilbahn von Montmartre mit) bei 16 Linien gehört die Métro zu den größten U-Bahnen der Welt und zu einer der meistgenutzten. Rund 4,2 Millionen Fahrgäste steigen täglich in eine Métro ein.

Griechenland war früh dabei

U-Bahn-Verkehr in Athen

10

Von Athen war bereits auf Seite 18 die Rede. In der Tat besitzt die griechische Hauptstadt eine der ältesten U-Bahn-Strecken der Welt. Die U-Bahn selbst ist allerdings wesentlich jünger. Und das kam so: Piräus, der weltbekannte Hafen von Athen, hatte schon seit der Antike große Bedeutung. Deshalb war es keine Überraschung, dass die erste Eisenbahnstrecke gerade diese beiden Städte verband. Am 27. Februar 1869 konnte auf der einspurigen Strecke zwischen Piräus und dem Athener Stadtteil Thisio zu Füßen des Aeropag der Verkehr aufgenommen werden. In den kommenden Jahren herrschte auf der Strecke regulärer Eisenbahnverkehr.

Umwidmung zur Nahverkehrsstrecke

Eine neue Ära startete 1904. Nach einem zweigleisigen Ausbau und der Elektrifizierung mit Stromschiene wurde die Strecke dem Nahverkehr vorbehalten. Der reguläre Zugverkehr wich auf ein eigenes Gleis aus. Als „Ilektrikós" (die Elektrische) wurde die neue Bahn, die nach Norden

U-Bahn-Station der im Jahr 2000 eröffneten Linie 2 in den Zeiten von Corona. Auch in Griechenland wurde die Maske zu einem alltäglichen Gebrauchsobjekt. Bild: Alexander Hood

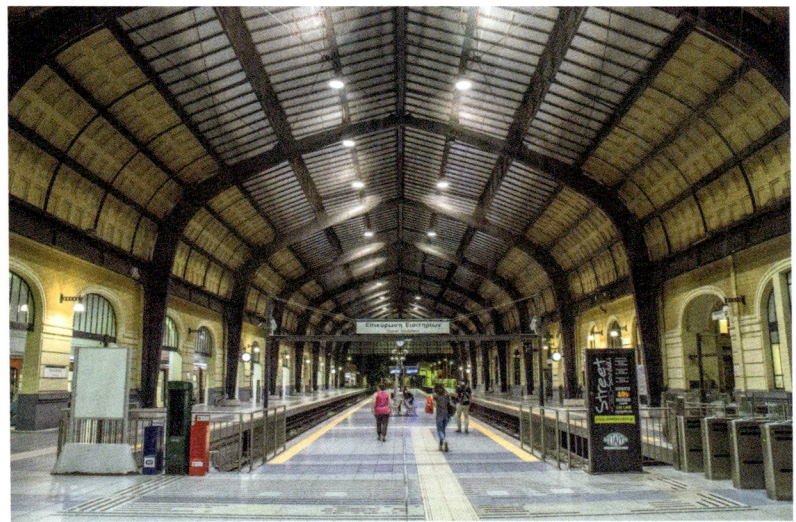

Der Bahnhof Piräus ist die Endstation der Linie 1. Das Gebäude wurde 1929 anstelle des alten Bahnhofs errichtet und anlässlich der Olympischen Spiele 2004 renoviert. Bild: Hector J. Rivas

hin erweitert war, gut angenommen. Da die antiken Baukunstwerke nicht von Verkehr beeinträchtigt werden konnten, gab es Ende der 1920er-Jahre Überlegungen, eine Verlängerung der Linie unter der Erde zu realisieren. Anfang der 1930er-Jahre wurde das ambitionierte Projekt angegangen. Doch es sollte noch bis 1957 dauern, dass die Metrostrecke fertig wurde.

Impulsgeber Olympia

Olympische Spiele bedeuten für eine ausrichtende Stadt große Anstrengungen. Meistens werden neue Gebäude errichtet, oft gehen die Vorbereitungen mit einem Ausbau des ÖPNV einher. Athen war keine Ausnahme. Es wurden zwei neue U-Bahnlinien vorgesehen. 1992 erfolgte der erste Spatenstich und die Bahnen konnten bereits im Jahr 2000 ihren Betrieb aufnehmen. Betreiber der Bahnen ist das Konsortium Olympiako Metro, also ein anderer als der der Linie 1. Eine Besonderheit der beiden Linien sind in den Stationen aufgestellte Vitrinen, in denen antike Funde gezeigt werden. Das 86,7 km lange Netz soll durch eine vierte Linie erweitert werden. Ob das Öffnungsziel 2028 gehalten werden kann, ist angesichts der turbulenten Jahre für die Griechen nicht zu sagen. Irgendwann sollen es dann sogar acht Linien werden, die den Athenern zur Verfügung stehen.

Die Jugendstil-Bahn

Glanzvolle Architektur in Wien

11

Etwas ähnlich sieht auch der Anfang der Wiener U-Bahn aus. Offiziell wurde eine U-Bahn in Wien erst in den 1970er-Jahren eröffnet. Es gab jedoch bereits 1898 ein Verkehrsmittel, das man mit Fug und Recht als Vorläufer der U-Bahn bezeichnen kann. In diesem Jahr hatte nämlich die Dampfstadtbahn ihren Betrieb aufgenommen. Sie war rechtlich eine Eisenbahn, hatte aber vergleichbar vielen U-Bahnen oberirdische Streckenabschnitte, einige in Tieflage und unterirdische Abschnitte. Die Anlagen der Stadtbahn sind heute denkmalgeschützt und das aus gutem Grund. Die überragend gelungene Architektur Otto Wagners, die wunderschönen Stationsgebäude, das herrliche, blumige Ornament der Brücken und Geländer, die resedagrüne Lackierung sind Meisterwerke ersten Ranges. Besonders, nachdem sie nach aufwendi-

Die Linien der Wiener Stadtbahn

Eröffnung	Linie	Strecke	Länge
11. Mai 1898	Vorortelinie I	Penzing–Heiligenstadt	9,584 km
1. Juni 1898	Obere Wientallinie	Hütteldorf-Hacking–Meidling-Hauptstraße	5,409 km
1. Juni 1898	Gürtellinie	Meidling-Hauptstraße–Heiligenstadt	8,407 km
1. Juni 1898	Vorortelinie II	Heiligenstadt–Brigittenau-Floridsdorf	2,028 km
30. Juni 1899	Untere Wientallinie	Meidling-Hauptstraße–Hauptzollamt	5,443 km
6. August 1901	Donaukanallinie	Hauptzollamt–Heiligenstadt	5,632 km
6. August 1901	Verbindungsbogen	Abzweigstelle Nußdorfer Straße–Brigittabrücke	1,415 km

gen Restaurierungsarbeiten wieder im alten Glanz erstrahlen. Schon vor der Inbetriebnahme der Stadtbahn hatte man sich zur späteren Elektrifizierung entschlossen. Doch kam man nicht übers Versuchssta-

Type T$_1$ der Linie U6 im Einsatz. Die Fahrzeuge dieser Reihe wurden von Bombardier beschafft. Sie beziehen ihren Strom aus einer Oberleitung. Alle anderen Linien haben eine Stromschiene. Bild: Wilhelm Guggenberger

Weltberühmt sind die im Sezessionsstil gehaltenen Otto-Wagner-Pavillons, in denen man am Wiener Karlsplatz zu den Bahnsteigen gelangt. Bild: Jens Junge

dium hinaus. 1925 ging die Stadtbahn – abgesehen von der Vorortelinie, die später in der S-Bahn aufging – aus der Hand der Staatseisenbahn BBÖ an die WStB über, die sich gleich an die Elektrifizierung machte.

Die neue U-Bahn

Bereits 1968 wurde der Bau einer U-Bahn beschlossen. Man wollte vor allem die vernachlässigte Innenstadt besser anbinden und dem wachsenden Autoverkehr Einhalt gebieten. Dabei wurden viele Anlagen und Strecken der Stadtbahn wieder benutzt. 1976 fuhren die ersten U-Bahn-Züge der Linie U4 im Testbetrieb mit Passagieren. Drei andere Linien folgten sehr schnell. Während der Bau der U5 längerfristig auf Eis gelegt wurde, konnte 1989 mit der U6 eine fünfte Linie in Betrieb gehen. Es gab außerdem mehrere Erweiterungen. So kam das Netz der Wiener U-Bahn auf eine Gesamtlänge von 83,1 km.

Die Linien der Wiener U-Bahn

Eröffnung	Linie	Strecke	Länge
1978	U1	Oberlaa–Leopoldau	19,200 km
1980	U2	Seestadt–Karlsplatz	16,848 km
1991	U3	Ottakring–Simmering	13,402 km
1976	U4	Hütteldorf–Heiligenstadt	16,361 km
1989	U6	Siebenhirten–Floridsdorf	17,347 km

Lebensadern von Big Apple

Die New Yorker Subway

12

Es gibt Leute, für die ist ein 1844 fertig gestellter Tunnel der Long Island Rail Road unter der Atlantic Avenue in Brooklyn die erste U-Bahn der Welt. Auch der ab Seite 128 beschriebene Beach Pneumatic Transit oder diverse Hochbahnen aus der zweiten Hälfte des 19. Jahrhunderts spielen im Umfeld der U-Bahnen eine Rolle. So hatte die West Side and Yonkers Patent Railway am 3. Juli 1868 die erste New Yorker Hochbahn eröffnet, die spätere Ninth-Avenue-Linie. Als offizieller Geburtstermin der New Yorker U-Bahn gilt jedoch der 28. Oktober 1904. An diesem Tag wurde eine 4,5 km lange Tunnelstrecke zwischen dem Rathaus und der 145. Straße in Harlem eröffnet.

Zwei private Anbieter und ein städtisches Unternehmen waren es, die das Netz der New Yorker U-Bahn aufbauten. Sie fusionierten und seit 1953 be-

Die Erbauer der Subway

Gesellschaft	Jahre	Linien
Brooklyn Rapid Transit Company (BRT)	1896–1923; Nachfolgerin:	
Brooklyn-Manhattan Transit Corporation (BMT)	1923–1940	J, L, N, Q, R, W, Y, Z
Interborough Rapid Transit Company (IRT)	1902–1940	1–7, T
Independent City Owned Rapid Transit Railroad (IND)	1932–1940	A, B, C, D, E, F, M

Im September 1916 gab es bei der New York Railway Company einen Streik. Das machte diese Aufnahme eines U-Bahn-Wagens der Interborough Rapid Transit Company (IRT) auf der Hochbahnstrecke in der 6th Avenue vom Central Park kommend möglich. Es handelt sich um einen Typ Manhattan El, solche Fahrzeuge wurden bis 1911 gebaut. Sie bestanden zum großen Teil aus Holz. Der Fahrzeugführer wurde durch ein eisernes Maschengitter vor dem Glasfenster geschützt.

Bild: George G. Bain Collection/Library of Congress

Anfang des 20. Jahrhunderts sind Arbeiter mit Dampfbohrern und einer kleinen Feldbahn dabei, die New Yorker U-Bahn zu bauen – ein Knochenjob. Bild: Keystone View Company

treibt die die New Yorker Verkehrsbehörde New York City Transit Authority (NYCTA) die Subway, die in den Stadtteilen Manhattan, Brooklyn, Queens und Bronx zu finden ist. Seit 1968 gehört sie zur Metropolitan Transportation Authority (MTA). Die Subway besitzt ein 380,2 km langes Streckennetz in Normalspur. Davon verlaufen nur 47,1 km auf Straßenniveau. 112,6 km sind aufgeständert. Den Löwenanteil von 220,5 km machen aber die Tunnelstrecken aus.

Die große Krise der Subway

Leider setzte die Massenmotorisierung nach dem Zweiten Weltkrieg auch der U-Bahn sehr stark zu. Praktisch seit den 1950er-Jahren fuhr sie auf Verschleiß. Es wurde nur noch das Nötigste repariert. Stationen verfielen, Schmutz und bröckelnder Putz prägten das Bild. Die Kriminalität stieg und das verführte nicht unbedingt viele dazu, sich in eine U-Bahn zu setzen. Immerhin boten sich dadurch aber genügend Stoffe für Krimis. New York hatte bis in die 1980er-Jahre massive Finanzprobleme. Doch dann schaffte es Bürgermeister Ed Koch, den Haushalt zu konsolidieren und ein Sanierungspaket zu schnüren. Langsam wurde die Subway wieder ein sichereres und zuverlässigeres Verkehrsmittel.

Doch weiterhin wird im Grunde nur der Bestand verwaltet. Viele technische Anlagen stammen noch aus der Bauzeit vor dem Zweiten Weltkrieg. Neubaustrecken gibt es nicht, die ehemaligen IRT-Linien haben ein kleineres Lichtraumprofil, brauchen somit andere Fahrzeuge und die Netze der ehemaligen drei Betreiber sind immer noch nicht aufeinander abgestimmt. Die IRT-Strecken sollen allerdings im Laufe der Zeit angepasst werden. Die aufgeständerten Streckenabschnitte verursachen Lärm. Deshalb sind die Wohnungen in ihrer Nähe nicht gerade die beliebtesten in der Stadt. Obdachlose, Graffiti-Sprüher, Straßenmusiker und Menschen, die ihren Müll nicht in einen Abfalleimer werfen können, sorgen für eine bunte Atmosphäre. So bleibt bei einer Fahrt mit der New York Subway immer ein kleiner Nervenkitzel. Eine Besonderheit sollte nicht unerwähnt bleiben, denn in New York kann man rund um die Uhr mit der U-Bahn fahren. Es gibt keine Betriebspausen. In den Stoßzeiten alle drei, nachts alle 20 Minuten kann man in einen Zug steigen.

Doch die New York Subway ist nicht die einzige U-Bahn von New York. Die Port Authority Trans-Hudson (PATH) führt von Manhattan nach Jersey City, Hoboken, Harrison und Newark in den Westen der Stadt nach New Jersey. Sie war als Hudson and Manhattan Railroad am 26. Februar 1908 eröffnet worden, um mehrere Bahnhöfe miteinander zu verbinden. Jetzt ist sie auch interessant für viele Pendler.

Chambers Street Station in Lower Manhattan 2018. Bild: Carol M. Highsmith Archive/ Library of Congress

Die von der West Side and Yonkers Patent Railway 1868 eröffnete Hochbahn. Im Bild ist die Selbstmörderkurve am Rande des Central Parks. Hier sind wohl einige heruntergesprungen. Bild: Library of Congress

Ein von Bombardier gebauter R142 der Linie 4 verlässt auf seinem Hochgleis die U-Bahn-Station Moshulu Parkway im New Yorker Stadtteil Bronx. Bild: Carol M. Highsmith Archive/ Library of Congress

Alternative Hochbahn

Über den Straßen der Stadt

13

Mit der von der West Side and Yonkers Patent Railway am 3. Juli 1868 eingeweihten Hochbahn in New York wurde eine Bauweise des innerörtlichen Schienenverkehrs aus der Taufe gehoben, die in den folgenden Jahren viele Nachahmer finden sollte. Die Gleise wurden aufgeständert, also auf Stahlgerüsten in eine Ebene über dem Straßenniveau erhoben. Eine andere Bauweise war die des steinernen Viadukts. So konnten unten die Fußgänger, Kutschen und Autos verkehren, die Bahn oben fuhr unbehelligt und ohne Hindernisse. Der Vorteil war, dass Staus oder Unfälle den Bahnverkehr nicht stören konnten. Ein entscheidendes Plus dieser Technik ist es, dass die Erstellung deutlich billiger kommt als der Bau einer Untergrundbahn. Zunächst wurden von Dampflokomotiven gezogene Wagen verwendet. Nach New York wurde 1892 in Chicago eine Hochbahn gebaut (siehe folgendes Kapitel).

Liverpool hat es nachgemacht und am 4. Februar 1893 seine Hochbahn Liverpool Overhead Railway eröffnet, die die Stadt mit dem Hafen verband. Sie war die erste elektrische Hochbahn der Welt und hatte eine Stre-

Auch in Philadelphia wurde eine Hochbahn gebaut. Sie wurde 1907 eröffnet. Im Bild ist der Hochbahnhof Pratt Street Station der Frankford Elevated Railway. Bild: Graydon Wood

Zweigleisige Kreuzung Wells und Lake Street in Chicago (Loop). Die beiden Fahrzeuge der 1-50-Serie der Brown Line biegen nördlich zur Wells Street Bridge ab. Bild: Library of Congress

ckenlänge von elf Kilometern. Leider wurde sie zum Jahresende 1956 stillgelegt und demontiert. Erhalten geblieben ist praktisch nur ein Tunnel. Damit wurde zum ersten und glücklicherweise einzigen Mal ein kompletter Hoch- oder U-Bahn-Betrieb aufgegeben und abgebaut.

Auch die New Yorker Hochbahn der frühen Jahre wurde an vielen Stellen abgebaut und durch eine U-Bahn ersetzt. Das lag vor allem auch daran, dass die Lärmentwicklung der Hochbahn sich negativ auf die Mieten und den Wert der Immobilien auswirkte.

Hochbahnen in Deutschland

Zu den Ländern, in denen Hochbahnen eine wichtige Rolle spielten – und spielen – gehörte auch Deutschland. Die beiden wichtigsten Betriebe findet man in Berlin und Hamburg. In beiden Städten wurden Anfang des 20. Jahrhunderts Hochbahnen, kombiniert mit Streckenabschnitten im Untergrund, errichtet. Eine Sonderrolle besetzt Wuppertal mit seiner Schwebebahn (siehe S. 42).

Für den Architekturfreund bilden die hochgelegenen Stationen interessante Studienobjekte. Weltweit gibt es noch sehr viele. Allein die New York Subway besitzt noch 153 Hochstationen.

Das Wunder am Michigansee

Chicago Elevated

14

1890 hatte Chicago bereits über eine Million Einwohner und schon lange wurde überlegt, wie man dem wachsenden Verkehr begegnen könnte. Zwei Jahre zuvor war die Chicago and South Side Rapid Transit Railroad, gegründet worden, die in der Stadtmitte Richtung Süden eine Hochbahn baute. Am 6. Juni 1892 konnte auf der 5,8 km langen Strecke eine Dampflok mit vier Wagen die ersten Fahrgäste ans Ziel bringen. In diesem Jahr sollte auch die Weltausstellung in Chicago stattfinden, die allerdings ins folgende Jahr verschoben werden musste, doch das Warten hatte sich gelohnt. Zu diesem Anlass wurden die Gleise der bestehenden Hochbahn bis zum Jackson Park auf das Ausstellungsgelände verlängert. Die Intramural Railway genannte Messebahn wurde elektrisch betrieben.

Wie in New York gab es in Chicago mehrere private Gesellschaften, die ihre eigenen Strecken bauten. Das waren neben der South Side Rapid Transit die Lake Street Elevated Railroad Co. (gegründet 1893), die Metropolitan West Side Elevated Railroad Co. (1895) und die Northwestern Elevated Railroad Co. von Charles Tyson Yerkes (1900), der ein Jahr später bei der Londoner U-Bahn eingestiegen war.

Von der Verstaatlichung bis heute

1924 entstand die Chicago Rapid Transit Company (CRT), eine staatliche Behörde, die die privaten Gesellschaften vereinte. Heute hat das Netz der CRT, auch „L" genannt, eine Länge von 170,8 km. Der Löwenanteil davon ist eine Hochbahn (91,9 km), 19,5 km liegen im Untergrund, der Rest ist ebenerdig. Der Bahnsteig der Station Monroe der Roten Linie steht im Guinness-Buch der Rekorde als längster U-Bahnsteig der Welt. Er misst rund 1,07 Kilometer. Die Linien sind nach Farben benannt.

1907 stand dieser hölzerne Wagen in der Station Belmont unter einer Fußgängerüberführung. Sie wurde von der Northwestern Elevated Railroad gebaut und ist seit 1900 im Betrieb. Bild: Chicago Daily News

Auf der Straße war zum Zeitpunkt dieser Aufnahme noch nicht viel los. Die Chicago Elevated wurde 2005 zu einem der „sieben Wunder von Chicago" gewählt. Bild: Library of Congress

Wer hätte das gedacht? Auch Stanley Kubrick hat sich für die „L" in Chicago interessiert. Für dieses Foto hat er 1949 auf den Auslöser gedrückt. Bild: Stanley Kubrick/Library of Congress

Güterverkehr unter Tage

Die Chicago Tunnel Company

15

In Chicago gab es zwischen 1906 und 1959 noch eine weitere U-Bahn. Sie war von der Illinois Tunnel Company gebaut worden und wurde nach einem Bankrott ab 1912 von der Chicago Tunnel Company betrieben. Allerdings konnten hier keine Passagiere mitfahren, denn Aufgabe dieser Schmalspurbahn unter der Inenstadt von Chicago war die Beförderung von Frachtgütern. Das Netz hatte eine Streckenlänge von 97 Kilometern. Damit war sie praktisch unter jeder Straße der Downtown anzutreffen.

Bedeutung für die Versorgung der Downtown

Lange Jahre war die Tunnelbahn ein wichtiger Faktor bei der Alimentierung der Innenstadt. Besondere Bedeutung hatte die Belieferung mit Kohle zum Heizen, aber auch viele andere Güter und Post wurden ge-

liefert. In ihren besten Zeiten beschäftigte die Tunnel-Gesellschaft weit über 500 Arbeiter. 1929 besaß die Chicago Tunnel Company 150 Lokomotiven, 2.693 Güterwagen, 151 Kohlewagen and 400 Schüttgutwagen. Dieser enorme Fuhrpark wurde für bis zu 300 Zugbewegungen täglich mit bis zu 15 Wagen eingesetzt, also bis zu 4.500 Wagenladungen. 1954 waren es gerade noch 500 Wagen mit Gütern und 300 Wagenladungen mit Abfall und Asche.

Die Company versorgte übrigens nicht nur Häuser der Innenstadt mit Heizmaterial, nein, sie lieferte auch – kühle Luft! Mehrere Theater der Stadt bekamen die 13 Grad kühle Tunnelluft in der heißen Jahreszeit eingeblasen, um die Zuschauer vor heißer und stickiger Luft zu schützen. In Sachen Klimaschutz wirklich vorbildhaft. Mit der Konkurrenz durch Lkw und Lieferwagen nahm das Beförderungsvolumen immer weiter ab. 1959 ging die Chicago Tunnel Company pleite. Die Tunnel wurden aber weiter genutzt für Leitungen der Telekommunikation und Strom.

Ein kleiner Zug der Tunnelbahn im Einsatz. Am rechten Bildrand erkennt man einen Lift. Mit solchen Aufzügen wurden die Güter zu ihren Abnehmern gebracht.
Bild: George Grantham Bain Collection/Library of Congress

Die Schwebebahn

Technikgeschichte im Wuppertal

16

In Deutschland begann die Geschichte der Hoch- und Untergrundbahnen am 1. März 1901. Die an diesem Tag eröffnete 13,3 Kilometer lange Strecke wurde nach dem Preußischen Kleinbahngesetz als nebenbahnähnliche Kleinbahn klassifiziert. In der Tat aber handelte es sich um eine Hochbahn, allerdings war die Schwebebahn Barmen-Elberfeld technisch eine Hängebahn. Mit dem Zusammenschluss mehrerer Städte und Gemeinden zur neuen Stadt Wuppertal 1929 wurde sie zur Wuppertaler Schwebebahn. 1943 wurde sie rechtlich zur Straßenbahn umdeklariert.

Ein technisches Meisterwerk mit kleinen Schwächen

Elberfeld, Barmen und Vohwinkel, die damals noch eigenständig waren, hatten die Bahn nach Planungen des Mitbegründers der Firma Deutz, Eugen Langen, bauen lassen. Die Idee erwies sich allerdings als zu

Die Schwebebahn wurde stetig modernisiert, weshalb sie auch heute ein leistungsstarkes Nahverkehrsmittel ist. So werden auch die GTW 72 sukzessive ersetzt. Bild: Witek Burkiewicz

Foto aus den ersten Tagen der Schwebebahn an der Haltestelle Breite Straße (heute Robert-Daum-Platz). Wagen Nr. 3 im Einsatz, darunter eine Elberfelder Straßenbahn. Bild: MAN

aufwendig, als dass sie sich auch andernorts hätte durchsetzen können. So ist die Wuppertaler Schwebebahn heute ein hervorragendes Zeugnis deutscher Ingenieurskunst von Weltruf.

Die Wuppertaler Schwebebahn ist ein einzigartiges Kulturdenkmal und steht seit 1997 unter Denkmalschutz. Heute nutzen täglich bis zu 75.000 Passagiere dieses spektakuläre Verkehrsmittel. In den Stoßzeiten verkehrt sie sogar im Dreiminutentakt. Die Strecke, die größtenteils über der Wupper verläuft, weist 20 Haltestellen auf. Die Fahrzeit beträgt 35 Minuten. Sie ist ein wichtiger Teil des Wuppertaler ÖPNV, auch wenn sie immer wieder außer Betrieb ist, zuletzt infolge der Corona-Pandemie. Und leider gibt es immer wieder Zwischen- und Unfälle. Bei einem Unfall 1999 starben fünf Menschen, zum Glück die einzigen in der Geschichte der Schwebebahn.

Die Station Werther Brücke in Barmen weist als einzige noch den Bauzustand mit Jugendstilelementen wie bei Eröffnung der Schwebebahn auf. 2013 wurde sie originalgetreu rekonstruiert. Eine der ersten Bahngarnituren aus dem Jahr 1900 ist erhalten und in einem hervorragenden Zustand. Der sogenannte Kaiserwagen wird zu Erlebnisfahrten mit Kaffee oder Frühschoppen genutzt.

Subterraneos de Buenos Aires

Die älteste U-Bahn Lateinamerikas

17

Es war im späten Frühjahr 1913, also am 1. Dezember, als man in Buenos Aires Tango tanzte. Die Stadt besaß damals eines der größten Straßenbahnnetze der Welt und jetzt kam auch noch eine U-Bahn dazu! Es war die erste U-Bahn Südamerikas, der Südhalbkugel und der spanischsprechenden Welt. Sie hatte sich gegen Projekte wie eine Seilbahn über den Straßen der Stadt durchgesetzt. Die Linie A verlief von der Plaza del Mayo in Richtung Westen zur Plaza Miserere unweit des Bahnhofs. Sie wurde schon gleich nach der Eröffnung verlängert. Der Bauherr und Betreiber, die Anglo-Argentine Tramways Company (AATC), war vor einigen Jahren an ein internationales, europäisches Konsortium verkauft worden. Die Bauarbeiten für die U-Bahn realisierte die deutsche Firma Philipp Holzmann. Der Großteil der ersten U-Bahn-Fahrzeuge stammte aus Brüssel. Bei den Bürgern erfreute sich die nun 9,3 km lange Subterráneo de Buenos Aires, abgekürzt Subte – man sieht

Inzwischen Geschichte: Züge von Siemens-Schuckert/Orenstein & Koppel waren in Buenos Aires zwischen 1937 und 2016 in großer Zahl im Dienst. Bild: Mauricio V. Genta/CC BY-SA 4.0

Dieses interessante Foto zeigt den Bau der Linie A unter Avenida de Mayo im Jahre 1912. Auch in Buenos Aires wandte man die Unterpflasterbauweise an. Bild: Archivo General de la Nación

diesen Namen auch auf den Fahrzeugen – großer Beliebtheit. Die Firma La-croze Hermanos wollte deshalb eine zweite Linie B errichten. Doch bis die-se eingeweiht werden konnte, sollten über 15 Jahre ins Land gehen. 1930 war es dann soweit. Anders als bei der Linie A werden die Fahrzeuge über eine Stromschiene und nicht mit Oberleitung versorgt.

Erweiterungen und Stagnation

Bis 1944 wurden noch drei weitere Linien gebaut, allerdings wieder nach dem Vorbild der Linie A. Damit hatte das U-Bahn-Netz von Bue-nos Aires eine Streckenlänge von fast 50 km. 1939 wurde die U-Bahn ver-staatlicht, ein Schritt, der mit der Privatisierung 1994 wieder rückgängig ge-macht wurde. Die Strecken wurden immer wieder verlängert, doch 2007 wurde erstmals wieder eine neue Strecke eröffnet. Die Linie H von der juris-tischen Fakultät im Norden der Stadt zu den Kliniken im Süden. Zwei wei-tere Linien sind noch in Planung. Während auf der Linie B Fahrzeuge aus Großbritannien und den USA den Verkehr trugen, später auch aus Madrid gekaufte Gebrauchtwagen, wurden die anderen Linien lange Jahre von deut-schen Fahrzeugen von Siemens-Schuckert/Orenstein & Koppel geprägt.

Die Metro von Madrid

Unterirdisch seit 1919

18

Spanien hatte sich klugerweise aus dem Ersten Weltkrieg herausgehalten. Doch der Wirtschaftskollaps infolge des Konflikts machte auch diesem Land zu schaffen. So kam es, dass die bereits seit 1913 geplante Untergrundbahn erst 1919 ihre Jungfernfahrt absolvieren konnte. Weil der König aus seiner Privatschatulle mehr als ein Zehntel der Bausumme beigesteuert hatte, bekam die Betreiberfirma den Namen Compañia Metropolitano Alfonso XIII, was soviel bedeutet wie Metro-Firma Alfons XIII. Die Linie 1 wurde später noch verlängert. Sie ist – wie alle anderen vor 1970 gebauten – ein Kleinprofillinie.

Erweiterungen, vor allem ab den 1990er-Jahren

Das Netz der Metro wurde ständig erweitert, auch in der Zeit des Generals Franco. 1961 wurde mit der Linie S (heute: 10) die erste Großprofillinie eröffnet. Sie gehörte zum neuen Konzept der Suburbanos, das in vieler Hinsicht mit den S-Bahnen vergleichbar ist. Allerdings wurden keine anderen Strecken dieser Art mehr gebaut. 1979 wurde die U-Bahn verstaatlicht. In den 1990ern gab es einen starken Ausbauschub bei der Metro, allerdings mussten durch die Finanzkrise von 2008 ehrgeizige Ziele aufgegeben werden. Das Netz der Madrider Metro ist derzeit 293,91 km lang und besitzt 302 Stationen, genauso viele wie Paris – man kann nun erahnen, warum die französische Betreiberin RATP die Seilbahnstation auf den Montmartre unbedingt mitzählen will ...

Kleinprofil-Zug der Baureihe 2000-B in der Station Rubén Dario der Linie 5. Das Fahrzeug stammt aus dem Jahr 1998 und wurde von der baskischen Firma Construcciones y Auxiliar de Ferrocarriles (CAF) gebaut. Wegen ihrer runden, großen Glasfront erhielten diese Fahzeuge den Spitznamen „burbuja", was auf Deutsch soviel bedeutet wie Blase oder Luftblase.

Diese Damen zeigen die Uniformen des weiblichen Personals der Madrider U-Bahn in den 1960er-Jahren. Klassische Eleganz mit weißem Kragen und seitlicher Knopfleiste.

Zwei Züge der Baureihe 1000, die in den 1960er-Jahren in den Dienst genommen wurden und erst 2002 in den Ruhestand geschickt wurden. Alle Bilder: Metro de Madrid

Diese Aufnahme der Station Park Street in Boston mit zwei Bahnsteigen stammt aus dem Jahr 1912. Seitdem hat sich nicht sehr viel verändert. Bild: City of Boston Archives/CC BY 2.0

Effizienz und Sicherheit

Die Spanische Lösung und mehr

19

A propos Spanien. Das Land muss ja für einiges herhalten, für das es völlig unschuldig ist, etwa die sogenannte „spanische Grippe" von 1918/19, die ja wohl eigentlich eine „englische" war. Zwar nicht unangenehm, aber ebenso falsch ist eine andere Zuschreibung. Denn für eine bestimmte Bahnsteigarchitektur wurde die Bezeichnung „Spanische Lösung" gewählt. Angeblich hätten es die Erbauer der U-Bahn von Barcelona erfunden, die 1924 eröffnet wurde und damit die zweite U-Bahn Spaniens war. Doch wie das Bild oben belegt und andere wissen, gab es diese Anordnung bereits in Boston, aber auch in London oder New York. Das Prinzip ist, dass die Aussteigenden eine Seite nutzen, während die Einsteiger auf der anderen Seite der Wagen hereinströmen. Das erspart das Warten, bis alle ausgestiegen sind und kann die Haltezeit verkürzen. Vor allem auch kommt es zu keinen Zwischen- und Unfällen. Der Zu- und der Ausgang haben unterschiedliche Laufwege. Heute, wo keiner mehr warten will, bis alle Aussteiger das Fahrzeug verlassen haben, sicher eine noch wichtigere Lösung.

Schutz vor Unfällen und Gefahren

Für die Sicherheit in der U-Bahn sorgen nicht nur technische Vorrichtungen in den Fahrzeugen, sondern auch die Polizei und Überwachungskameras. Bei führerlosen Metros werden Bahnsteigtüren aufgebaut, die den Zugang zu den Wagen erst freigeben, wenn der Zug steht. Überhaupt ist das Unfallrisiko an den Bahnsteigen bei einfahrenden Zügen am größten. Warnhinweise, Bahnsteigsicherungen und Kameras verstärken die Sicherheit. Besonders bei Katastrophenfilmen schicken die Drehbuchautoren ihre Helden gern zu U-Bahn-Bränden in den Tunnel. Die Betreiber haben für solche Fälle nach einigen bösen Vorfällen Sicherheitseinrichtungen wie Feuerlöscheinrichtungen, Notausgänge oder Fluchthinweise eingerichtet.

Eine ganz neue Art der Bedrohung ist im Frühjahr 2020 aufgetreten. Die Corona-Pandemie hat die Welt fest in den Griff genommen und im öffentlichen Leben mussten Sicherheitskonzepte entwickelt werden, die eine Gefahr der Ansteckung möglichst unterbinden sollen. Dazu gehören Abstandsregeln, Mund-Nasenschutz und Desinfektion.

Corona beschert den Wagen der U-Bahnen eine nie gekannte Pflege. Regelmäßige Desinfektion gehört zum Sicherheitskonzept des ÖPNV. Bild: Metro de Madrid

Wie in einem Schloss

Die Moskauer U-Bahn

20

Die letzte vor dem Zweiten Weltkrieg eröffnete U-Bahn verkehrt in der russischen Hauptstadt. Sie gilt sicher als ein Höhepunkt, denn architektonisch ist sie sicher die schönste Untergrundbahn der Welt. Staunend wandelt der Besucher der Moskauer Metro durch die vielgerühmten „Paläste für das Volk" mit ihren barockisierenden Gängen und Wartehallen, die wie in einem Schloss oder Palais mit Marmor, Stuck, Mosaiken oder Kronleuchtern ausgestattet sind. Ein genauerer Blick zeigt, dass die Stationen unterschiedlichen Themen aus der Geschichte Russlands und der Sowjetunion gewidmet sind. Fast wie die Bildwelten in christlichen Kirchen dienen diese Gemälde und Mosaiken der Belehrung des Volkes, ja, sie sind nichts anderes als propagandistische Zeugnisse des Triumphs des Sozialismus. Den Touristen aus kapitalistischen Ländern ist dieser Hintergrund herzlich gleichgültig. Sie lieben die wunderschöne Station Komsomolskaja, die allerdings erst

In der Moskauer U-Bahn geht es oft eng zu. Im Jahr 2018 beförderte sie über 2,5 Milliarden Passagiere, in der Spitze fast 10 Millionen Menschen am Tag. Bild: Jerz/Pixelio.de

U-Bahnhof Kiewskaja der Metro Moskau. Die Mosaiken feiern die Freundschaft Russlands zur Ukraine. Viel ist davon in der grauen Realität nicht übrig geblieben. Bild: A. Savin/CC BY-SA 3.0

1952 eröffnet wurde, oder die Kiewskaja (1954) und die helle Station Majakowskaja (1938), um nur einige zu nennen.

Bau und Erweiterung der Moskauer U-Bahn

Erste konkrete Planungen für eine Moskauer Metro gehen bis zum Anfang des 20. Jahrhunderts zurück. Das Thema kam immer wieder aufs Tapet. 1925 hatte Siemens einen fertigen Plan für ein Untergrundbahnnetz vorgestellt. Doch erst 1932 erfolgte der erste Spatenstich. Am 15. Mai 1935 wurde die erste Moskauer Linie zwischen den Stationen Sokolniki und Park Kultury eröffnet, die zusammen mit einem Abzweig zur Smolenskaja auf eine Länge von 11,2 km kam.

Im Laufe der Jahre wurde das Netz stetig erweitert. Derzeit besitzt es eine Länge von 408,1 km und ein Ende des Ausbaus ist noch nicht in Sicht. Hinzu kommt die 4,7 km lange Monorail Moskau, eine aufgeständerte Einschienenbahn, die 2004 eröffnet wurde. Die Taktzeiten der Moskauer Metro sind beeindruckend. Zu Stoßzeiten fährt alle eineinhalb Minuten ein Zug in die Station ein. Stationen gibt es übrigens 236, dazu kommen noch sechs von der Monorail.

Die Welt der U-Bahnen

China prescht immer weiter vor

21

Wir sind bei den Rekorden angekommen. Und wie das bei Superlativen so ist, muss man gerade in früheren Zeiten, wo man sich nocht nicht so sehr mit Superlativen und Rekordlisten beschäftigte, immer allerlei Dinge abwägen. Wir hatten das ja oben in Kapitel 5 bereits gesehen. Noch dazu kann dieses Material nur eine Augenblicksaufnahme sein. Überall auf der Welt wird weiter an Me-

Die ältesten U-Bahnen nach Kontinenten

	Stadt	Jahr
1	London (Europa)	1863
2	New York (Nordamerika)	1867
3	Buenos Aires (Südamerika)	1913
4	Tokio (Asien)	1927
5	Kairo (Afrika)	1987
6	Sydney (Australien/Neuseeland)	2019

Die ältesten U-Bahnen

	Stadt	Jahr
1	London	1863
2	New York	1867
3	Liverpool	1893
4	Chicago	1895
5	Budapest	1896
6	Glasgow	1896
7	Boston	1897
8	Paris	1900
9	Berlin	1902
10	Athen	1904

trosystemen gebaut. So ist gerade die Tabelle mit den größten U-Bahn-Netzen, die wie alle Daten den Stand von 2019 darstellt, mit einem kurzen Haltbarkeitsdatum versehen. Immer neue Rekorde stellen die Chinesen auf, die es seit 2004 von fünf auf vierzig Betriebe gebracht hat. Noch dazu stellen sie die drei größten Netze der Welt und haben fünf davon unter den Top Ten. Deutschland spielt nur noch eine geringe Rolle und wird bald aus der Wertung fallen.

Länder mit den meisten U-Bahnen

	Land	Anzahl
1	China	40
2	USA	15
3	Indien	13
	Japan	13
5	Südkorea	8
6	Brasilien	7
	Russland	7
	Italien	7
9	Frankreich	6
10	Deutschland	5
	Iran	5
	Türkei	5

Neue Fahrzeuggeneration der ältesten U-Bahn der Welt. Diese Garnitur der Baureihe S8 von Bombardier ersetzt seit 2010 zusammen mit der S7 das ältere Rollmaterial der Londoner U-Bahn. Mit rund 1,5 Billionen Pfund soll es der größte Auftrag des Landes gewesen sein. Erstmals kommen die Passagiere jetzt in den Genuss einer Klimaanlage. Die S8 gehört zur Movia-Familie. Das Bild zeigt Nr. 21003 in der Station Northwood Hills der Metropolitan Line. London Underground war viele Jahre die größte U-Bahn der Welt und liegt jetzt nur noch auf Rang 5. Bild: Bombardier

Die 10 größten U-Bahn-Netze

	Stadt	Streckenlänge	Land	Eröffnung
1	Peking	699,3 km	China	1971
2	Schanghai	676,0 km	China	1993
3	Guangzhou	514,8 km	China	1997
4	Moskau	408,1 km	Russland	1935
5	London	402,0 km	Großbritannien	1863
6	Shenzhen	382,1 km	China	2004
7	New York City	380,2 km	USA	1904
8	Nanjing	378,0 km	China	2005
9	Seoul	357,9 km	Südkorea	1974
10	Delhi	347,6 km	Indien	2002

Die 10 größten U-Bahn-Netze Europas

	Stadt	Streckenlänge	Land	Eröffnung
1	Moskau	408,1 km	Russland	1935
2	London	402,0 km	Großbritannien	1863
3	Madrid	288,5 km	Spanien	1919
4	Paris	214,0 km	Frankreich	1900
5	Berlin	151,7 km	Deutschland	1902
6	Sankt Petersburg	124,8 km	Russland	1955
7	Barcelona	122,3 km	Spanien	1924
8	Istanbul	115,3 km	Turkei	1989
9	Stockholm	108,0 km	Schweden	1950
10	Hamburg	106,1 km	Deutschland	1912

Immer noch New York vorn

Der Betrieb mit den meisten Stationen

22 Die Pekinger Metro ist zwar die längste der Welt, doch was die Zahl der Stationen betrifft, liegt immer noch eine „Traditions-U-Bahn" vorn. Die New York Subway zählt mit 424 Stationen weiterhin die meisten Haltestellen. Es geistert auch die Zahl von 472 Stationen herum, doch dabei wurden von der Betreibergesellschaft Metropolitan Transportation Authority (MTA) einige Umsteigebahnhöfe mehrfach gezählt – nach der Anzahl der Bahnsteige.

Die Tücken der Statistik

Nun empfahl ja bekanntlich bereits Winston Chruchill, man solle keiner Statistik trauen, die man nicht selbst gefälscht habe, deshalb lohnt es sich, einmal auf ein paar Zahlen zu schauen. So werden bei der Metro von Seoul oft die Stationen der Staatsbahn KORAIL im Großraum der südkoreanischen Hauptstadt mitgezählt und schon landet man bei rund

Das Empfangsgebäude der Station Coney Island–Stillwell Avenue ist das südlichste der New York Subway. Es wurde Anfang der 2000er renoviert. Bild: Carol M. Highsmith Archive/ Library of Congress

Die 1904 eröffnete Station 125th Street der New York Subway über dem Broadway. Nicht weit weg ist das New York City Police Department. Bild: Carol M. Highsmith Archive/ Library of Congress

730 Stationen. Würde man diese Zählung bei Berlin machen, dann wäre man bei 339 und damit in den Top Ten gut dabei. Und vermutlich eröffnet Schanghai in der Zeit vom Schreiben dieses Buchs bis zur Auslieferung elf neue Stationen und liegt dann auf dem Spitzenplatz. Doch das ist ja gut so, denn es beweist, dass sich der Metro-Verkehr weltweit ausdehnt und immer neue Strecken erschließt. Gute Nachrichten für die vielen Pendler ebenso wie für die Umwelt.

Doch zurück nach New York! Wenn man überlegt, dass die Subway rund um die Uhr in Betrieb ist und an jeder Station zu Stoßzeiten alle zwei bis fünf Minuten ein Zug hält, dann kann man sich vorstellen, dass die New Yorker U-Bahn auch bei der Anzahl der Stopps und Abfahrten pro Tag ganz vorne liegt. Doch hierzu gibt es leider keine statistischen Erhebungen.

Die meisten Stationen

	Stadt	Stationen
1	New York	424
2	Schanghai	414
3	Peking	405
4	Seoul	380
5	Madrid	302
	Paris	302
7	Guangzhou	271
8	London	270
9	Shenzen	252
10	Moskau	242

Beliebt und belebt

Die U-Bahn mit den meisten Passagieren

23

Es ist noch nicht lange her, da gehörte es zum Allgemeinwissen, dass die U-Bahn von Tokio die meistfrequentierte der Welt ist. Doch der Metro-Boom in der Volksrepublik China wirft alles über den Haufen. Jetzt belegt dieser Betrieb nur noch den zweiten Platz in der Welt. Nach den Erhebungen 2018 und 2019 hat die Hauptstadt des „Reichs der Mitte" auch in diesem Ranking inzwischen die Führung übernommen.

Europa fällt zurück

Unter den meistfrequentierten U-Bahnen der Welt ist aus Europa nur noch Moskau anzutreffen. Paris und London folgen auf den Plätzen elf und dreizehn. Das liegt natürlich auch an den anderen Kapazitäten der gigantischen Metropolen der Länder mit riesigen Bevölkerungszahlen. Ein

Inzwischen ist die Metro von Peking auch Spitzenreiter bei der Zahl der täglich mitfahrenden Passagiere. Lebhaftes Treiben in der Station Xi'ergi. Bild: N509FZ/CC BY-SA 4.0

Lange war die U-Bahn von Tokio die am meisten frequentierte der Welt. Doch angesichts des chinesischen Metro-Giganten ging dieser Rekord für die Japaner verloren. Bild: moritzklassen

guter Beleg dafür ist Mexiko-Stadt, das sich inzwischen sogar der New York Subway annähert. Für deutsche Verhältnisse sind solche Zahlen natürlich unrealistisch. Im deutschsprachigen Raum ist Berlin mit jährlich 596 Millionen Fahrgästen auf Platz Eins. Es folgt Wien mit 463,1 Millionen, dann München mit 413 Millionen. Hamburg kann mit 252 Millionen, Nürnberg mit 122,2 Millionen aufwarten. In der Schweiz befördert die U-Bahn von Lausanne im Jahr 32,8 Millionen Fahrgäste.

Aber wieder einmal steckt auch bei diesen Statistiken der Teufel im Detail. Bei ihren Erhebungen gehen die Verkehrsbetriebe leider nicht einheitlich vor, denn während für die einen eine Fahrt vom Start bis zum Ziel gilt, fangen andere nach einem Umstieg des Fahrgasts neu zu zählen an. Wenn man die Zahl der Passagiere mit der Einwohnerzahl der Stadt in Verbindung setzt, liegt übrigens Paris ganz vorn.

Die meisten Passagiere

	Stadt	Passagiere pro Jahr
1	Peking	3.950.870.000
2	Tokio	3.936.700.000
3	Schanghai	3.880.060.000
4	Guangzhou	3.305.900.000
5	Seoul	2.855.600.000
6	Moskau	2.560.700.000
7	Shenzhen	2.017.600.000
8	Hong Kong	1.805.100.000
9	New York City	1.697.800.000
10	Mexiko-Stadt	1.655.400.000

Châtelet – Les Halles

Der größte U-Bahnhof der Welt?

24

Für ihre 2,1 Millionen Bürger hat die Pariser Métro mit jährlich 1.559.500.000 Passagieren eine enrome Auslastung. Das liegt sicher vor allem an den rund zehn Millionen Einwohnern der um die französische Hauptstadt liegenden Departments, von denen viele pendeln. Zwischen dem Louvre und dem Pariser Rathaus gelegen, ist die 1977 eröffnete Untergrundstation von unglaublichen Ausmaßen. Der Abbruch der alten Markthallen und die Neubebauung des Areals bot auch die Möglichkeit zum Bau dieser Mobilitätsdrehscheibe.

Zentraler Verkehrsknoten im Herzen von Paris

In den Bau des neuen Umsteigebahnhofs wurden die beiden bestehenden Métro-Stationen Les Halles und Châtelet einbezogen. Kernstück ist die große Bahnsteighalle mit sieben Gleisen, 325 Meter lang und 80 Meter breit. Den Passagieren stehen vier Bahnsteige zur Verfügung, um die S-Bahn-Züge der RER – Linien A, B und D – zu verlassen oder einzusteigen. Die Halle liegt im fünften Untergeschoss (–5). Ein Stockwerk höher (–4) befindet sich die Verteilerebene, über die man zu den U-Bahnen kommt. Es sind die Linien 1, 4, 7, 11 und 14. Außerden sind bereits einige

Das Pariser Drehkreuz wird von drei RER-Linien und fünf Métrolinien bedient. Man kann drei der vier Bahnsteige erkennen. Auf dem vierten stand der Fotograf. Bild: poudou99/CC BY-SA 3.0

Das beliebte Café-Restaurant Sarah Bernhardt auf der Place du Châtelet kann man direkt mit der Métro erreichen. Ausstieg Chatelet – Les Halles! Bild: xiquinhosilva/CC BY 2.0

Geschäfte zu finden. Sie gehören zu dem großen Einkaufszentrum Westfield Forum des Halles, das sich von hier bis auf die Ebene 0 erstreckt. Es ist einer der großen Anziehungspunkte der Pariser mit Kinos, über zwanzig Restaurants und Cafés und 123 Geschäften, Boutiquen und Dienstleistern. Das Gelände der alten Hallen wurde zu einem Park mit einer Vielzahl an Unterhaltungsmöglichkeiten umgebaut.

Jährlich über 25 Millionen Passagiere

Diese Station ist der meistfrequentierte Umsteige-Tunnelbahnhof Europas. Die Betreibergesellschaft RATP selbst bezeichnet ihn als den größten Untergrundbahnhof Europas, er gilt sogar als der größte der Welt. Doch genaue Zahlen sind nicht zu erhalten, die einen Vergleich der verschiedenen Stationen ermöglichen würden.

Kleine Kuriosität am Rande: Dieser Tunnelbahnhof ist nach Bauwerken benannt, die nicht mehr existieren. Die berühmten Markthallen „Les Halles", die Emile Zola so eindringlich beschrieben hat, wurden anfang der 1970er-Jahre abgerissen. Das Châtelet hat bereits 1802 seine Existenz verloren. Napoleon, der damals noch Erster Konsul war, ließ das Kastell abreißen.

Eine U-Bahn kommt ins Dorf

Serfaus hat die höchste und kleinste

25

Ein österreichischer Ort von etwas über tausend Einwohnern besitzt eine U-Bahn? Richtig gelesen. Und das kam so: Serfaus ist eines der vielen tollen Skigebiete in Tirol. Problem ist nur: Der Ort befindet sich am Ende des Tals und Platz für ausreichend Parkplätze ist nur vor dem Ortskern vorhanden. Weil das Schleppen der Skiausrüstung über fast eineinhalb Kilometer sehr anstrengend ist und die Skibusse immer öfter voll waren, kam man auf den Gedanken, ein Transportsystem für die Freunde des Pulverschnees zu bauen. Da es kaum Raum gab, sollte die Trasse zum Teil im Untergrund verlaufen. Ende 1985 konnte die „Dorfbahn Serfaus" zum ersten Mal fahren.

Es handelt sich um eine Seilbahn, wobei die Wagen auf einem Luftkissen ruhen und auf einer festen Trasse vom Parkplatz über die Stationen Kirche und Zentrum bis zur Seilbahn fahren. Somit ist sie die höchstgelegene Luftkissenbahn der Welt. Doch bald waren auch die Kapazitäten der Dorfbahn

Nach der Erneuerung bis 2019 ist die einst zu Stoßzeiten recht enge Dorfbahn zu einer großzügig angelegten U-Bahn geworden. Bild: © Seilbahn Komperdell Serfaus/Andreas Schalber

Es gibt keine Schienen, denn die U-Bahn gleitet auf einem Luftkissenpolster durch den Laufweg. Oben sind Seile zu erkennen, die den Zug fortbewegen. Bild: © Seilbahn Komperdell GmbH

überschritten. Aus diesem Grund wurde ab 2017 an einer Modernisierung gearbeitet. Das Ergebnis ist so geraten, dass die Betreiberin Seilbahn Komperdell GmbH, der auch die Skilifte gehören, mit Fug und Recht von der U-Bahn Serfaus sprechen kann. Die Wagen fahren führerlos, weshalb Bahnsteigtüren eingebaut wurden. Die Strecke ist 1.280 m lang und überwindet rund 20 Höhenmeter. Die Bahnsteige sind barrierefrei zu erreichen. Bis zu 3.000 Passagiere können in der Stunde mit der kostenlosen U-Bahn fahren.

Wirklich die Kleinste?

Die U-Bahn Serfaus ist auf jeden Fall die U-Bahn im kleinsten Ort.

Aber ist sie auch die mit dem kleinsten „Netz"? Das hängt davon ab, nach welchen Kriterien man sein Urteil fällt. Es gibt nämlich noch zwei andere Kandidaten. Der Istanbuler Tünel (siehe S. 18) ist nur 606,50 m lang. Die Mühleggbahn in St. Gallen sogar nur 316 m. Beides sind Seilbahnen, die durch einen Tunnel nach oben zur Bergstation fahren.

Doch während man darüber streiten kann, wie man das bewerten will, steht fest, dass die U-Bahn die kleinste Metro mit mehr als zwei Stationen ist. Jedenfalls, wenn man gelten lässt, dass eine Seilbahn eine U-Bahn sein kann (war Glasgow früher auch).

Ganz unten

Kiew hat die tiefste U-Bahn-Station

26

Nach Moskau und dem damaligen Leningrad (Sankt Petersburg) eröffnete 1960 in Kiew die dritte Metro der Sowjetunion. Es war mitten im Kalten Krieg und während sich der Westen vor den Atombomben des Warschauer Pakts fürchtete, hatten die Sowjets Angst vor den Atombomben der NATO. Die Planer der U-Bahn in Kiew hatten deshalb den Auftrag, einige Metro-Stationen möglichst tief in der Erde zu bauen, damit sie im Ernstfall als Bunker dienen konnten.

Über hundert Meter unter dem Boden

Dieser Sorge, aber auch geologischen Voraussetzungen durch die Nähe zum Dnjepr, verdanken wir die tiefstgelegene U-Bahn-Station der Welt in der Hauptstadt der Ukraine. Es handelt sich um die Station Arsenalna der Linie 1 mit 105,5 Metern unter der Erdoberfläche. Mit der Rolltreppe braucht man geschlagene fünf Minuten, um auf die Bahnsteigebene zu gelangen. Damit ist die Metro von Kiew aber nicht die tiefstgelegene U-Bahn

Die Metro-Station Arsenalna gilt als die tiefstgelegene U-Bahn-Station der Welt. Sie liegt nicht weit von dem bekannten Majdan-Platz und dem Dnjepr entfernt. Bild: Antares 610/CC0

Allein die Fahrt mit der Rolltreppe zum Bahnsteig der Arsenalna hinunter oder hoch ins Freie ist für den Freund von Untergrundbahnen schon ein Erlebnis. Bild: AMY/CC BY-SA 3.0

der Welt. Diesen Rekord hält die nordkoreanische Untergrundbahn von Pyöngyang, bei der es allerdings nur Streckenabschnitte sind, die in 110 Metern unter der Erdoberfläche liegen. Auch diese Metro wurde in solche Tiefen verbannt, um gleichzeitig Schutz gegen Bombenangriffe zu bieten.

Zurück zur Arsenalna: Sie gehört zu den Stationen, die schon bei der Eröffnung der Bahn existierten. Im Vergleich zu Moskau und Sankt Petersburg wirkt die Innenausstattung der Bahnsteighallen und Zugangsflure etwas nüchterner. Dennoch gibt es hübsche Mosaiken und sehenswerte Durchgänge zu bestaunen. Die Station ist nach der Arsenal-Waffenfabrik benannt, einer der berühmtesten und ältesten Fabriken der Stadt.

Fakten zur U-Bahn von Kiew

Die Metro von Kiew besitzt drei Linien mit einer gesamten Streckenlänge von 69,6 km und 52 Stationen. Drei weitere Linien sollen in der Zukunft das Netz beträchtlich erweitern. Sie wurde am 6. November 1960 eröffnet und ist in der russischen Breitspur 1.520 mm gelegt. Die alten Wagen stammen alle aus sowjetischer Produktion, doch die Ukraine möchte aus bekannten Gründen keine Abhängigkeiten vom großen Nachbarn und hat sich mit der Waggonfabrik Krjukiw für die Fertigung neuer Doppeltriebzüge in Leichtbauweise im eigenen Land entschieden.

Scheinbar endlos nach unten

Die längste Rolltreppe hat Sankt Petersburg

27

Die erste Rolltreppe bei einer U-Bahn wurde 1911 in London eingebaut. In Moskau wurden die ersten Rolltreppen der Metro bereits bei der Erstellung der Infrastruktur der ersten Linie eingebaut. Da aus Gründen, von denen im vorigen Kapitel die Rede war, viele Stationen sehr tief liegen, wurden von der finnischen Firma KONE lange und besonders schnell fahrende Rolltreppen eingekauft. Lange Jahre besaß die 84 m unter die Oberfläche gegrabene Station Park Pobedy der Linie 3 die mit einer Länge von 126 m die längste Rolltreppe der

Welt. Doch dieser Rekord wurde 2011 übertroffen, wo bei der Metro Sankt Petersburg zur der Station Admiralteiskaja der Linie 5 in 86 m Tiefe 137 m lange Rolltreppen zu den Bahnsteigen führen.

Rechts im Bild die Rolltreppe von Moskau, unten die Rekordhalterin aus Sankt Petersburg.

Bilder: A.Savin/CC BY-SA 3.0 (r.), Poudou99/CC BY-SA 4.0 (u.)

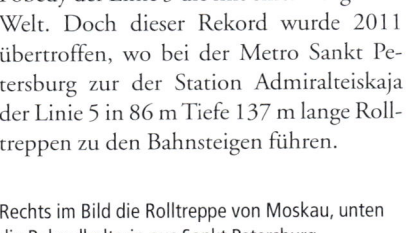

Teherans spezieller Rekord

U-Bahn mit dem größten Höhenunterschied

Im Großraum Teheran leben rund 20 Millionen Menschen. Da ist es nur natürlich, dass zur Lösung der Verkehrsproblematik eine Untergrundbahn gebaut wird. Wegen der politisch schwierigen Situation im Land konnten Planungen noch aus Zeiten des Schah-Regimes erst 1999 realisiert werden. In diesem Jahr eröffnete das erste Teilstück der Teheraner U-Bahn, die heutige Linie 5, die allerdings eher eine S-Bahn ist. Zwei Jahre später ging die Linie 1 in Betrieb. Sie weist eine Besonderheit auf, die nirgendwo auf der Welt übertroffen wird: Mit einem Streckenprofil, das einen Höhenunterschied von 480 m aufweist, ist sie die Untergrundbahn mit dem größten Höhenunterschied überhaupt. Die Gefällestrecke befindet sich nördlich der Station Shush. Die Teheraner U-Bahn ist sehr gut frequentiert und es sollen in den kommenden Jahren weitere Linien gebaut werden. Ziel ist eine annähernde Verdopplung des Netzes von fast 250 km (inkl. S-Bahnen) auf rund 450 km. Bleibt abzuwarten, was sich politisch bis dahin tut.

Was auf den ersten Blick wie eine McDonald's-Filiale wirkt, ist nichts anderes als das Empfangsgebäude der Station Shoush der Teheraner Linie 1. Bild: Анатолий Терентьев/CC BY-SA 3.0

Meiste U-Bahn-Spurweiten

Barcelona hält diesen Rekord mit Tokio

29

Die Metro Barcelona gehört mit ihrer Eröffnung 1924 zu den ältesten U-Bahnen. Sie besteht aus zwölf Linien, die von zwei Gesellschaften betrieben werden. Eine Besonderheit ist, dass man in ihrem Netz drei verschiedene Spurweiten findet: Linie 1 mit Breitspur 1.668 mm, der Spur der spanischen Eisenbahn, Linie 8 mit Meterspur, die übrigen sind normalspurig. Das hat sonst nur Tokio zu bieten (s. S. 75).

Ein Rekord für die Zukunft

Auf Regelspur fährt auch die 2014 eröffnete Strecke der Linie 9 der Metro Barcelona, die einen anderen Rekord anstrebt. Sie hat derzeit eine Streckenlänge von 27,9 Kilometern und 24 Stationen. 15 weitere Stationen stehen vor der Eröffnung. Nach ihrer Fertigstellung wird sie die längste rein unterirdisch verlaufende Untergrundbahn der Welt sein. Sie wird dann eine Länge von 52 km besitzen.

Die Station Parc Logístic der Linie 9 Sud in Barcelona wurde am 12. Februar 2016 eingeweiht. Sie wird von führerlosen Metrozügen bedient. Bild: Agm/CC BY-SA 4.0

Die schnellste U-Bahn

Von der gelben Linie bis zum Daxing-Express

Die Yellow Line der Metro von Chicago galt lange als schnellste U-Bahn-Strecke der Welt. Sie liegt im Norden der Stadt und dient als Zubringer des Vororts Skokie nach Howard zum Anschluss an die Red Line. Dabei bleibt sie an der Erdoberfläche, entspricht eigentlich eher einem Nahverkehrszug. Die Bay Area Rapid Transit (BART) in San Francisco kann mit schnellen Fahrten von bis zu 130 km/h aufwarten, so das indische „Cholan Book of World Records".

Doch seit dem 26. September 2019 gibt es einen neuen Spitzenreiter. Die Schnellverbindung Daxing Airport Express als Teil der Beijing Subway führt mit bis zu 160 km/h vom Pekinger Stadtgebiet hinaus zum einen Tag früher eröffneten neuen internationalen Flughafen der chinesischen Hauptstadt.

Den Geschwindigkeitsrekord für eine U-Bahn hält seit 1972 ein Wagen der Baureihe R44 der New York Subway. Er erreichte bei einer Testfahrt eine Geschwindigkeit von 141,2 km/h. Nur das drohende Streckenende vereitelte einen höheren Wert.

Wagen der 5000er-Serie bedienen die schnellste Strecke der Chicago „L".
Die Yellow Line fährt allerdings nicht im Untergrund ... Bild: David Wilson/CC BY 2.0

Eine U-Bahn ohne Fahrer

Von Lille bis Nürnberg

31

Wer in Lille einen Job als U-Bahn-Fahrer sucht, hat es schwer, denn die Métro von Lille fährt mit VAL-Fahrzeugen. Das Kürzel steht für „Véhicule automatique léger", was soviel bedeutet wie automatisches leichtes Fahrzeug. Mit ihrer Inbetriebnahme 1983 wurde die U-Bahn von Lille die erste Metro mit Zügen, die ohne einen Fahrzeugführer auskommen. Das System wurde von Robert Gabillard, einem Professor in Lille, entwickelt und von Matra produziert. Der VAL fährt auf Gummireifen, die in eigenen Spuren laufen, der Strom kommt von einer Stromschiene. Auch die zweite Linie wird mit VAL-Zügen betrieben.

Nachahmer realisieren eigene Projekte

Ebenfalls mit der automatisierten Technik hat sich Siemens beschäftigt. So wurde 1984 in Dortmund die H-Bahn eröffnet, die allerdings

Ein zweiteiliger VAL 206 der Métro Lille ein Jahr nach Eröffnung der ersten fahrerlosen Metro-Linie der Welt. Es ist gleichzeitig die erste U-Bahn in Lille. Bild: Jean-Henri Manara/CC BY-SA 4.0

Seit dem 2. Januar 2010 fährt die U3 in Nürnberg zwischen Nordwestring und Gustav-Adolf-Straße automatisch. Bis dahin gab es Mischbetrieb mit und ohne Fahrer. Bild: VAG/Claus Felix

als Hängebahn konzipiert ist. 2001 übernahm der Konzern die Matra-Sparte und entwickelt seitdem das VAL-System zum Neoval weiter. Das ist besonders für People Mover auf großen Flughäfen eingesetzt worden.

Andere Hersteller, deren Systeme dann nicht VAL heißen, sind etwa Bombardier mit seinem Innovia APM, AnsaldoBreda, dessen Driverless Metro in der Metro von Kopenhagen verwendet wird und auch in mehreren Städten Italiens.

Fahrerlose U-Bahn in Deutschland

In Deutschland war die U-Bahn Nürnberg die erste mit einem automatischen System. In der Frankenmetropole wurde seit den 1990er-Jahren ein Projekt verfolgt, das unter dem Namen RUBIN (Realisierung einer automatischen U-Bahn in Nürnberg) bekannt wurde. 2002 wurde mit dem Bau begonnen, 2008 endlich waren die ersten Fahrzeuge unterwegs. Im Unterschied zu den VAL-Systemen ist diese Bahn schienengebunden. Das ermöglichte zu Beginn einen Mischverkehr mit Zügen, in denen noch ein Fahrer saß.

In Berlin wurde bereits seit 1977 das System SELTrac von Standard Elektrik Lorenz (SEL) im Probebetrieb eingesetzt, aber 1995 aufgegeben.

Dubai mit Superlativ

Die längste fahrerlose Linie

32

Der Orienttraum mit Halbmondnächten in der Wüste, Kamelkarawanen von Oase zu Oase und fliegenden Teppichen oder Flaschengeistern ist, wie man so (un)schön sagt, oldschool. Heute träumt man von Shopping Malls, Luxushotels und architektonischen Superlativen wie dem höchsten Turm der Welt. In diesen Traum passt auch die am 9. September 2009 eröffnete U-Bahn von Dubai. Sie holte sich schon am Tag der Eröffnung ihren ersten Rekord, denn die Bauzeit für eine längere U-Bahn von gerade mal dreieinhalb Jahren sucht vermutlich ihresgleichen.

Die rote Linie ist die Längste

Die damals eröffnete rote Linie hat eine Länge von 52,1 km, davon 4,7 Kilometer im Tunnel. Derzeit gibt es eine zweite Linie, die grüne. Vier weitere Linien sollen irgendwann folgen. Wie bei einigen anderen Me-

Ibn Battuta, nach dem diese Station benannt ist, war ein Reiseschriftsteller aus dem 14. Jahrhundert. Die nach ihm benannte Mall kennen heute vermutlich mehr. Bild: Shahroozporia/CC BY-SA 3.0

Die beiden Linien, die es bei der Metro von Dubai gibt, fahren automatisch und können auf einen Fahrer verzichten. Viele Abschnitte sind aufgeständert. Bild:Roads and Transport Authority

tros der Welt gilt auch für Dubai, dass auf einen Fahrer komplett verzichtet wird. Das ist modern und darf in der Luxusstadt natürlich nicht anders sein.

Dank dieser Maxime besitzt die Metro Dubai allerdings einen attraktiven Rekord. Die rote Linie ist nämlich die längste Strecke der Welt, die ohne einen Fahrer auskommt.

Die Metro Dubai in Zahlen

Bislang verfügt die Metro Dubai über zwei Linien, die eine Gesamtstrecke von 74,6 km zur Verfügung haben. Davon befinden sich allerdings lediglich 12,6 km unter der Oberfläche. Viele Streckenabschnitte führen über Viadukte. Es werden fünfteilige Züge japanischer Provenienz eingesetzt. Anders als bei den meisten U-Bahnen gibt es in Dubai ein Zwei-Klassen-System plus einigen Abteils ausschließlich für Frauen. Man darf gespannt sein, wie sich die Metro von Dubai weiter entwickelt, denn die offiziellen Planungen sehen bis 2030 ein Netz mit einer Länge von 420 km vor. Wann und wohin das alles entstehen soll, steht allerdings in den Sternen. Um die Züge zu füllen, subventioniert der Staat die U-Bahn massiv. Wohl dem Betrieb, der den Staat als Melkkuh halten darf! In Europa und den USA sind solche paradiesischen Zustände leider undenkbar.

Kairo zeigt den Weg

Die älteste U-Bahn in Afrika

33

Über dem Portal dieses Empfangsgebäudes prangt das Logo der Untergrundbahn von Kairo. Bild: Cairo Metro

Kairo – für viele der Ausgangspunkt für eine Reise zu den Pyramiden und nilaufwärts – ist ein touristischer Traum für viele, aber für noch viele mehr ein Pendler-Alptraum. Das war schon in den frühen 1970er-Jahren so. Aus diesem Grund beschloss die Regierung unter dem späteren Friedensnobelpreisträger Anwar as-Sadat, eine U-Bahn zu bauen. Die Älteren wissen es noch: Sadat wurde 1981 ermordet und hat weder den ersten Spatenstich noch die Fertigstellung der U-Bahn erlebt.

Die Eröffnung der Metro konnte nämlich erst am 27. September 1987 gefeiert werden. Aber immerhin wurde ein Umsteigebahnhof von der Linie 1 auf die Linie 2 nach

Die U-Bahn von Kairo: Lichtdurchflutet und sauber. Ein echtes Vorzeigeobjekt der Hauptstadt von Ägypten. Bild: Cairo Metro

Sadat benannt. Die Linie 2 wurde allerdings erst 1996 eröffnet. Eine dritte Linie kam 2012 hinzu. Sie soll irgendwann unter dem Nil hindurch zum Flughafen führen. Der U-Bahn-Betrieb in Kairo ist der erste auf dem afrikanischen Kontinent und bis heute neben der Metro von Algier der einzige. Allerdings befinden sich im nigerianischen Lagos und in der Metropole Abdijan der Elfenbeinküste zwei weitere Metros im Bau. Wann diese Linien wirklich eröffnen können, ist angesichts der Corona-Pandemie noch nicht abzusehen.

Die Metro Kairo besitzt in ihrer derzeitigen Ausbaustufe ein Streckennetz von 77,9 km. Verlängerungen der bestehenden Linien und drei völlig neue Linien sind vorgesehen. Linie 4 soll bei Erscheinen des Buches bereits eröffnet haben.

Ein kleines Schmunzeln entlockt die Info, dass die Linie 1 im Volksmund als „französische Linie" gilt. Und warum? Weil die Züge vom französischen Alstom-Konzern stammen. Bei der Linie 2 sprechen die Bürger von Kairo von der „japanischen Linie", denn das Rollmaterial stammt logischerweise aus – Japan.

Die New Cairo Monorail

Die Verträge sind unterzeichnet: Die Vertragspartner Bombardier Transportation, Orascom Construction und Arab Contractors haben sich 2019 darauf verständigt, eine Einschienenbahn zu bauen, mit der der Flughafen von Kairo an das Metro-Netz angeschlossen werden soll. Außerdem soll noch eine zweite Monorail-Linie entstehen, die zu den Pyramiden von Gizeh führen soll.

„Mischbetrieb" mit oder ohne Kopftuch herrscht hier in der Station Ataba, wo die Linie 3 auf die in Nord-Süd-Richtung verlaufende Linie 2 trifft. Bild: Eurovaran/CC BY-SA 4.0

Die älteste U-Bahn Asiens

In Tokio ist die U-Bahn systemrelevant

34

Mit dem 30. Dezember 1927 beginnt in Japan ein neues Zeitalter. Das aufstrebende Kaiserreich war in den Kreis der Industrienationen eingetreten, die in ihren Grenzen eine U-Bahn besaßen. Über zwanzig Jahre später sollte in Haifa die erste nichtjapanische U-Bahn Asiens entstehen, die erste chinesische sogar erst 42 Jahre später. Heute sind die 13 Linien der Tokioter Metro für die Stadt genauso wichtig wie die Hauptschlagadern für einen Menschen. Ohne die U-Bahn würde die Wirtschaft zusammenbrechen. Die Corona-Krise hat im Ansatz gezeigt, was bei einem Totalausfall drohen würde.

Zwei Betreiber

Neben der 1927 eröffneten Tokyo Metro, die dem Staat und Tokio selbst gehört, gibt es seit dem Jahr 1960 die vier Linien betreibende Toei-U-Bahn, die von der Präfektur Tokio gegründet wurde. Sie betreibt

Es geht eng zu in der Tokioter U-Bahn. Kein Wunder, dass sich Frotteure hier wie im Paradies vorkamen. Doch das Reiben an anderen Menschen in sexueller Absicht wird geahndet.

Links verlässt ein Zug der Untergrundbahn von Tokio einen Tunnel. Rechts steht ein Vorortzug in der Station Ochanomizu. Bild: Fg2 // Bild links: Ari Helminen/Flickr

auch eine Straßenbahn und viele Buslinien der Stadt. Sie ist es auch, die in ihrem Netz drei verschiedene Spurweiten besitzt (siehe Seite 66). Wie es dazu kam? Die ältesten Strecken der Tokioter U-Bahn wurden nach dem Vorbild der Londoner U-Bahn errichtet und hatten auch deren Spurweite 1.435 mm übernommen. Doch in Japan wurden im Eisenbahnverkehr viele Strecken in Kapspur 1.067 mm genagelt. Um mit ihnen Verbindungen herzustellen, wurden deshalb die meisten U-Bahn-Linien in eben dieser Spurweite gebaut. Ein Sonderfall ist die Shinjuku-Linie der Toei. Sie hat die schottische Spurweite 1.372 mm. Das war die Spurweite der Straßenbahn von Tokio.

Lange war die U-Bahn von Tokio die meistfrequentierte der Welt. Die Chinesen haben ihr diesen Rekord zwar entrissen, doch die Bedeutung für den Berufsverkehr ist immer noch enorm. Wenn man das Streckennetz der beiden Betreiber sieht, dazu die vielen S-Bahn-ähnlichen Nahverkehrszüge und die Linien des Fernverkehrs, dann glaubt sicher der eine oder andere Nichtkenner, ein Schnittmuster vor sich zu haben. Insgesamt hat die U-Bahn von Tokio eine Streckenlänge von 304,1 km und eine Anzahl von 285 Stationen. Und was dem Controller gefällt: Die Tokyo Metro wirft Gewinne ab. Das kennt man sonst in praktisch keiner Stadt.

Metro in Chinas Hauptstadt

Die Pekinger U-Bahn ist die längste

35

Es ist noch nicht lange her, da wäre an dieser Stelle ein Kapitel über die Metro von Schanghai gestanden, denn seit sie Anfang des neuen Jahrtausends London mit ihren Streckenkilometern überholt hatte, besaß sie das größte Metro-Netz der Welt. Doch die chinesische Hauptstadt, deren Netz 2019 seinen 50. Geburtstag feierte, rüstete nach und überholte die Metropole in der Provinz. Mit inzwischen 699,3 km ist aber das Ende der Fahnenstange noch lange nicht erreicht. In nicht allzu ferner Zeit sollen sogar fast tausend Kilometer Strecke auf dem Netzplan wiedergegeben sein.

Die Entwicklung zur Gigantometro hatte eigentlich erst 2002 langsam Fahrt aufgenommen. Bis dahin gab es nur zwei Linien aus dem Jahr 1969, die immerhin auch mal verlängert wurden. Ursprünglich war die U-Bahn übrigens den Beamten der Regierung vorbehalten. Die sicherlich die Ruhe

Ein DKZ5 der Linie 13 aus dem Fuhrpark der Pekinger U-Bahn. Der Zug stammt aus dem Jahr 2002 und wurde zwischen 2015 und 2018 überholt. Bild: 颐园新居/CC BY-SA 3.0

Dieser Metro-Zug der Pekinger Linie 1 wurde 2006 , von CSR Sifang Locomotives in Tsingtao (Qingdao) und der Beijing Subway Rolling Stock Factory gebaut. Bild: Andreas Hackl

in den Zügen zu schätzen wussten. Erst 1977 durfte auch das „gemeine Volk" einsteigen. In den 2000er-Jahren folgte dann eine Steckeneröffnung nach der anderen. Der wirtschaftliche Boom des „Reichs der Mitte" ließ auch den Bedarf nach Massenverkehrsmitteln rapide ansteigen. Die Führer der Volksrepublik China hatten erkannt, dass ein Metro-System viele Probleme lösen kann und auch zur Reduzierung des Smogs beiträgt.

Peking pulverisiert alle Rekorde

Wenn man Fotos betrachtet, die von der Metro der chinesischen Hauptstadt gemacht wurden, sieht man in der Regel recht leere Bahnsteige und nur wenige Menschen in Züge einsteigen. Liest man aber die Zahlen der chinesischen Betreiber, dann jagt ein Passagierrekord den anderen (siehe S. 56). Bei den Stationen wird es auch bald soweit sein. Man kann vermuten, dass die Corona-Pandemie diese Entwicklung nur für kurze Zeit aufhalten kann. Bei den vorrätigen Fahrzeugen gibt es keine genauen Zahlen, aber mit über 6.000 Exemplaren liegen Schanghai und Peking sicher nicht weit auseinander. Zum Vergleich: Die New Yorker U-Bahn hat rund 6.400 Fahrzeuge, also noch ein bisschen mehr.

Hoch- und U-Bahn

Hamburg hat alles zu bieten

36

Sehr prominent sind die Gründer der Hamburger Hochbahn, die sich 1911 zum Bau des dritten Metro-Systems in Deutschland nach Berlin und Schöneberg zusammenschlossen: AEG und Siemens gründeten die Hamburger Hochbahn und setzten mit Albert Ballin, dem Chef der HAPAG, der größten Schifffahrtslinie der Welt, einen überaus prominenten Aufsichtsratsvorsitzenden ein. Am 1. März 1912 ging der erste Abschnitt der Ringlinie in Betrieb. Einige Abschnitte der Hochbahn waren in den Untergrund gelegt worden, weshalb man durchaus von einer Hoch- und Untergrund-Bahn sprechen kann. Technisch orientierten sich die Erbauer an dem Berliner Vorbild, auch was die 750 Volt Gleichstromspannung betrifft.

Die zweite Linie verlief vom Hauptbahnhof nach Rothenburgsort an der östlichen Peripherie. Sie wurde am 27. Juli 1915 eröffnet, mitten im Ersten Weltkrieg. Mitten im Zweiten Weltkrieg machten alliierte Bomber der

Zug der U3 mit der Nummer 201 der Unterbaureihe DT4.5 ist nach Barmbek unterwegs. Diese Baureihe fährt nur außerplanmäßig auf dieser Linie. Bild: Bernd Sterzl/Pixelio.de

Vor der Kirche St. Michaelis, dem „Michel" der Hamburger, und dem Heinrich-Hertz-Fernsehturm passiert die Hochbahn den City Sporthafen Hamburg. Bild: Wolfgang Dirscherl/Pixelio.de

Strecke ein Garaus. Sie wurde nie wieder aufgebaut. Einige Streckenneubauten der folgenden Jahre widmeten sich dem Anschluss außerhalb des Stadtkerns liegender Gebiete, mit dem Hintergedanken, diese Areale attraktiver für Häuslebauer und Betriebe zu machen.

Weiterentwicklung nach 1945

Nach Ende des Zweiten Weltkriegs standen Reparaturarbeiten an erster Stelle. Doch man dachte bereits weiter. Die 1955 projektierten Erweiterungen auf insgesamt sieben Linien scheiterten aber an den klammen Kassen der zweitgrößten Stadt Deutschlands. Stattdessen wurde der Bau von Straßenbahnen gefördert, die deutlich billiger zu realisieren waren.

Heute besitzt die Hansestadt Hamburg vier Linien mit einem Streckennetz von 105,8 km. Die Hamburger Hochbahn betreibt außerdem einen Großteil des Stadtbus-Netzes, das 964 km lang ist.

U-Bahn-Linien in Hamburg

Linie	von – bis
U1	Ohlstedt/Großhansdorf–Norderstedt
U2	Niendorf Nord–Mümmelmannsberg
U3	Wandsbek-Gartenstadt–Barmbek
U4	Billstedt–Elbbrücken

Olympia sorgt für die U-Bahn
Münchens Verkehrsoffensive vor 1972

37

Für die Olympischen Spiele 1972 in München konnte ein Plan verwirklicht werden, der schon seit 1893 in den Fluren der Stadtverwaltung spukte. Einmal schon – in der Nazizeit – war ein S-Bahn-Projekt angegangen worden, doch der Krieg verhinderte die Fertigstellung. Dann kam die Bundesbahn der Stadt mit ihrer Stammstrecke, einer Tunnelverbindung von Haupt- und Ostbahnhof, die für die S-Bahn gebaut wurde, in die Quere. Doch am 1. Februar 1965 war es dann so weit und am Nordfriedhof begannen die ersten Arbeiten für eine neue U-Bahn. Das wurde später die U6 – und witzigerweise war dies auch die erste Linie, die eröffnet wurde: Am 19. Oktober 1971 läutete ein Zug der Baureihe A auf der U6 (zwischen Kieferngarten und Goetheplatz) den U-Bahn-Verkehr in der bayerischen Landeshauptstadt ein. Die Münchner wussten seit 1966, dass sie die Olympischen Spiele 1972 austragen durf-

Zug der MVG-Unterbaureihe A2.5, Baujahr 1982 auf der Linie U6. Die Baureihe A stellt die Fahrzeuge, die bei der Eröffnung der Münchner U-Bahn im Dienst standen. Bild: ArtTower

Eigentlich sollten die Wagen des Typs A schon seit der Fußball-WM 2006 ausgemustert werden, doch die Baureihe C (siehe S. 162) war noch nicht so weit. Bild: Manolo Franco

ten. Mit dieser Info im Hintergrund erledigten sich einige Dinge deutlich schneller. Am 8. Mai 1972, rechtzeitig zu den Spielen, wurde die Linie U3 zum Olympiazentrum eröffnet. Weitere Linien ließen dann etwas auf sich warten. Erst im Oktober 1980 konnten die Linien U1 und U2 ihren Betrieb aufnehmen. Ebenfalls in den 1980ern kamen die U4 und die U5 hinzu. Damit war die Reihe der Lini-

U-Bahn-Linien in München

Linie	von – bis
U1	Olympia-Einkaufszentrum–Mangfallplatz
U2	Feldmoching–Messestadt Ost
U3	Moosach–Fürstenried West
U4	Westendstraße–Arabellapark
U5	Laimer Platz–Neuperlach Süd
U6	Garching Forsch.–Klinikum Großhadern
U7	Olympia-Einkaufszentr.–Neuperlach Zentr.
U8	Olympiazentrum–Neuperlach Zentrum

en von 1 bis 6 vollständig. Es gab immer wieder Verlängerungen bestehender Strecken. Es fehlten jetzt zur Vervollständigung des aktuellen Netzes nur noch zwei Linien, die allerdings als Verstärkerlinien konfiguriert waren, die nur zu bestimmten Zeiten fahren. Die U7 wird seit 2011 zu Hauptverkehrszeiten eingesetzt, die U8 wiederum verkehrt nur an Samstagen und soll den Shopping-Verkehr abfedern helfen. Das Netz der Münchner U-Bahn besitzt eine Streckenlänge von 103,1 km und 96 Stationen. Damit ist es fast gleich lang wie die Hamburger Hochbahn.

Eine U-Bahn ohne Fahrer – für diese Kinder ist das ein Heidenspaß, denn so kann man selbst ganz vorne sitzen und alles aus der ersten Reihe beobachten. Bild: VAG/Claus Felix

Die Station Opernhaus wurde unter dem Frauentorgraben errichtet. Man könnte meinen, sie sei in die alte Stadtmauer hineingebaut worden. Wirklich gelungen! Bild: Helga/Pixelio.de

Die Meister-U-Bahn

Nürnberg zeigt sich innovativ

38

Fast gleichzeitig wie die Münchner U-Bahn entstand die in Nürnberg. Sie wurde am 1. März 1972 eröffnet. Die Strecke ging von Langwasser Süd zur Bauernfeindstraße, verlief also außerhalb des Zentrums. Sukzessive wurde sie in die Stadtmitte und Richtung Westen erweitert. Die U1 fährt heute von Langwasser nach Fürth. Eine zweite Linie vom Plärrer nach Schweinau wurde am 10. Januar 1984 eröffnet. Sie führte später im Süden nach Röthenbach und bindet seit 1999 den Nürnberger Flughafen an.

U-Bahn minus Fahrer = automatisch

Ein Paukenschlag – um in der Sprache der „Meistersinger von Nürnberg" zu reden – war die Eröffnung der dritten Linie 2008. Die Verkehrs-Aktiengesellschaft Nürnberg (VAG) hatte sie für den Einsatz von fahrerlosen U-Bahn-Zügen vorgesehen. Nach einer Übergangsphase gibt es seit 2011 hier keine Fahrer mehr. Ebenso auf der U2. Das Netz der Nürnberger U-Bahn ist jetzt 37,1 km lang.

Ein historischer Ort: Von hier fuhr 1835 die erste deutsche Eisenbahn los. Heute fährt die U-Bahn nach Fürth, allerdings die U1 und nicht die fahrerlose U3. Bild: Tobias Bär/CC BY-SA 3.0

Die Frankfurter U-Bahn

Vielseitig und dringend gebraucht

39

Für die einen ist es eine U-Bahn, für die anderen eine Stadtbahn. Den Frankfurtern wird dieser akademische Streit herzlich egal sein, denn dieses öffentliche Verkehrsmittel ist eine wesentliche Hilfe im Kampf gegen das tägliche Pendlerchaos. Rund 143,2 Millionen Fahrgäste pro Jahr sprechen für sich.

Nach langen Überlegungen seit den 1950er-Jahren, welches Verkehrsmittel am besten geeignet sei, entschloss sich die Stadt 1961 zum Aufbau einer Stadtbahn, die schrittweise zur U-Bahn ausgebaut werden sollte. Dabei war schon von Beginn an klar, dass einige Bereiche als Unterpflasterbahn (siehe S. 23) erstellt werden sollten. 1968 wurde die erste Strecke zwischen der Hauptwache und der Nordweststadt (heute: Nordwestzentrum) eröffnet. Die Fahrzeuge bezogen ihren Strom aus einer Oberleitung, weite Teile der Strecke verliefen ebenerdig mit durch Zäune abgetrenntem Gleiskörper. Von dieser als Stammstrecke A bezeichneten Linie zweigten in den 1970ern die ebenerdig verlaufenden Linien U2 und U3 ab, die auf den Anlagen einer ehemaligen Kleinbahn basierten. Heute gehört zu dieser Liniengruppe der Strecke A noch die Verbindungslinie U8.

1974 wurde mit der B-Strecke eine weitere Komponente der heute vier Stammstrecken eröffnet. Die erste Linie war die U5. Mit ihr war nun der Hauptbahnhof an das U-

Die am 11. Oktober 1986 eröffnete Station Westend auf der C-Strecke wird von U6 und U7 bedient. Bild: Michael König/CC BY-SA 3.0

U-Bahn-Linien in Frankfurt

Linie	von – bis
U1	Ginnheim–Südbahnhof
U2	Bad Homburg-Gonzenheim–Südbahnhof
U3	Oberursel-Hohemark–Südbahnhof
U4	Enkheim–Bockenheimer Warte
U5	Preungesheim–Hauptbahnhof
U6	Hausen–Ostbahnhof
U7	Enkheim–Praunheim Heerstraße
U8	Riedberg–Südbahnhof
U9	Ginnheim–Nieder-Eschbach

Die U2 fährt vom Südbahnhof nach Bad Homburg in den Taunus in Süd-Nord-Richtung. Der Triebwagen gehört zur Baureihe U4 der zweiten Serie, die bis 1998 geliefert wurde.

Bild: Siegfried Baier/Pixelio.de // Bild unten: Bild: Inessa Podushko/Pixelio.de

Bahn-Netz angeschlossen. Zu dieser Strecke gehört auch die 1980 in Betrieb genommene U4, die als erste „echte" U-Bahn in Frankfurt gilt. Aus diesem Grund wird das Netz der Mainmetropole chronologisch noch hinter Nürnberg eingeordnet.

Zur C-Strecke zählen die 1986 in Betrieb gehenden Linien U6 und U7, die Richtung Westen führen. Zuletzt wurde 2010 die D-Strecke eingeweiht, zu der die U9 zu rechnen ist, ebenso ein Teil der U8. Derzeit ist lediglich eine Verlängerung der U5 in Arbeit, ansonsten sind keine Ausbaupläne in Sicht.

Frankfurt am Main besitzt somit eine U-Bahn mit einer Streckenlänge von 65 km und 86 Stationen, von denen 27 als Tunnelbahnhöfe erbaut worden sind. Mehr als zwei Drittel der Stationen befinden sich also auf der Erdoberfläche. Viele Streckenabschnitte verlaufen neben den Straßen auf einem eigenen Gleiskörper oder wie eine Straßenbahn straßenbündig im Individualverkehr.

Der Eingang Bockenheimer Warte erinnert an einen alten Eisenbahnwagen.

Der optische Leckerbissen

Die U-Bahn von St. Petersburg

40

Sankt Petersburg entstand aus dem Wunsch Zar Peters des Großen heraus, eine neue Hauptstadt an der Ostsee und somit den Zugang zur Mitte und dem Westen Europas zu bekommen. Für eine große Stadt war das sumpfige Mündungsgebiet der Newa eigentlich nicht geeignet. Diese Tatsache musste man auch beim Bau der U-Bahn immer wieder zur Kenntnis nehmen und hohe Mehrkosten verdauen. Die ersten Arbeiten waren schon kurz nach der Eröffnung der Moskauer Metro angegangen worden. Doch dann kam der Zweite Weltkrieg, bei dem die damals Leningrad genannte Stadt zwei Jahre und 141 Tage lang von den Deutschen belagert wurde. An eine Metro dachte keiner mehr, wenn es um das nackte Überleben ging. So dauerte es noch bis 1955, dass die erste U-Bahn im Untergrund der ehemaligen Zarenhauptstadt fahren konnte. Die Metro-Stationen wurden wie beim Moskauer Vorbild wie Paläste geschmückt und zeigten einen Glanz, den die Sowjetunion sonst nirgends ausstrahlen konnte – zumindest abseits der Eishockeystadien …

Stetige Erweiterung des Netzes

Wegen des Bodens musste die Strecke sehr tief verlegt werden. Das kostete Zeit und Geld. Deshalb dauerte es, bis das Netz erweitert werden konnte. Doch die Verantwortlichen erwiesen sich als ausdauernd und so wurden bis heute fünf Linien mit einer Länge von 124,8 km errichtet. Es gibt 72 Stationen. Eine Besonderheit sind die „Stationen geschlossenen Typs", die an die heutigen Bahnsteigtüren bei automatischen U-Bahnen erinnern: Türen verschließen den Zugang zum Bahnsteig und öffnen erst, wenn der Zug eingefahren ist.

Der Terroranschlag eines Selbstmordattentäters am 3. April 2017 in der Sankt Petersburger Metro forderte 16 Todesopfer. Bild: Ремеш/CC0

Die Linie1 fährt die Station Nárvskaya aus dem Jahr 1955 an, die sich mit ihren Hammer-und-Sichel-Symbolen an der Wand sehr patriotisch gibt. Bilder: Tama66

Die Station Awtowo war 1955 Endpunkt der neuen Linie 1. Mit Kronleuchtern und Marmor geschmückt, erinnert die Metro von Sankt Petersburg stark an die Moskauer U-Bahn.

Die Metro von Porto

U-Bahn in Portugal

41

Gemeinhin gilt die Metro von Lissabon als die einzige U-Bahn Portugals. Sie besitzt vier Linien und wurde 1959 eröffnet. Doch auch in Porto, der zweitgrößten Stadt des Landes, die weit oben im Norden liegt, gibt es eine Metro. Ähnlich wie im Falle Frankfurts wird sie als Stadtbahn eingestuft, doch kann auch sie mit Streckenabschnitten aufwarten, die unter der Erde verlaufen. Von den bestehenden 67 km werden immerhin 9,5 km im Tunnel befahren.

Hochwertiger Ersatz für die Straßenbahn

Porto besaß bereits seit 1895 eine elektrische Straßenbahn. In ihren besten Zeiten hatte sie ein gewaltiges Netz von 182 km Länge. Doch in den 1980er-Jahren glaubten die Stadtväter, auf die Straßenbahn verzichten zu können und legten alles bis auf zwei Linien still. Da die als Ersatz fah-

Ein Zug der Linie D kommt von Norden aus der Tunnelstrecke der Innenstadt heraus und überquert die die Brücke Luis I in Richtung Câmara Gaia. Bild: Oleg Kozlov/Fotolia.de

Die Stadtbahnfahrzeuge des Typs Flexity Outlook Eurotram von Bombardier werden auf den Linien A, D, E und F eingesetzt. Porto besitzt 72 Exemplare. Bild: Bombardier

renden Busse nicht vollends überzeugen konnten, stellte man Überlegungen an, ein modernes Stadtbahnnetz aufzubauen.

1999 konnten endlich die Bauarbeiten beginnen. Die Metro do Porto ist eines von vielen Beispielen, die den Segen der Europäischen Union zeigen, ohne die ein solches Projekt nie finanziert worden wäre. Am 29. Juni 2002 konnte die erste Strecke eingeweiht werden. Inzwischen sind es sechs. Eine Besonderheit des Netzes ist, dass bis auf die Linie D alle Linien den Abschnitt zwischen Senhora da Hora und Trindade befahren. Vier davon bleiben bis Estádio do Dragão zusammen. Bei Trindade besteht eine Umsteigemöglichkeit zur Linie D. Diese Stammstrecke verläuft überwiegend auf der Trasse einer stillgelegten Schmalspurbahn. Die Linie D hat den längsten unterirdischen Abschnitt zwischen der links abgebildeten Brücke und der im Norden liegenden Station Pólo Universitário.

Auch eine Seilbahn gehört zur Metro

Die Metro do Porto betreibt auch die 1891 fertig gestellte Seilbahn „Guindais Funicular", die am Anfang des Jahrtausends umfassend renoviert und am 18. Februar 2004 wiedereröffnet wurde. Sie verbindet das am Fluss gelegene Ribeira mit der höher gelegenen Altstadt.

U-Bahnen in Kanada

Toronto, Montreal und Vancouver

42

Kanada trat 1954 in die Reihe der Länder mit einer U-Bahn ein. In der Millionenstadt Toronto wurde der erste Betrieb eröffnet. Heute umfasst er eine Länge von 76,9 km und ist bekannt dafür, dass er als einziger in der Welt auf drei der vier Linien die Spurweite 1.495 mm besitzt. Diese Spurweite besitzt auch die Straßenbahn von Toronto.

Die zweitälteste Metro besitzt Montreal. Sie ging am 14. Oktober 1966 in Betrieb. Ihr Netz hat eine Länge von 69,2 km und verfügt über vier Linien mit 68 Stationen. Wie teilweise in Paris sind die Züge mit Gummireifen ausgestattet. Bis auf die gelbe Linie fahren alle automatisch. Neben der Metro gibt es ein Netz von sechs Vorortlinien mit 234,5 km Länge.

Die neueste Metro besitzt Vancouver. Der SkyTrain wurde 1986 anlässlich der dort stattfindenden Weltausstellung eröffnet. Es handelt sich um ein fahrerloses System, das hauptsächlich auf aufgeständerten Strecken und Brücken unterwegs ist. Mit seinen 79,6 km Länge ist der SkyTrain inzwischen die längste Metro Kanadas. In der Innenstadt fährt er rund 3 km im Tunnel, allerdings kann er mit der 616 m langen SkyBridge die längste U-Bahn-Brücke der Welt für sich verbuchen. Das Netz soll in Zukunft noch erweitert werden.

Doppelstockzug der Réseau de transport métropolitain (RTM, früher: AMT) von Bombardier, die in Montréal den S-Bahn-Verkehr abwickelt und mit der Metro verbunden ist.

Der SkyTrain von Vancouver ist eines der längsten automatischen Metro-Systeme der Welt. Bilder: Bombardier

Metros für den Flughafen

Dallas mit führerlosem People Mover

43

Nein, eine U- oder S-Bahn ist ein People Mover nicht. Aber er hat technisch sehr viel damit zu tun und er verwendet auch vergleichbare Fahrzeuge. Ein gutes Beispiel dafür ist der Skylink im internationalen Flughafen Dallas/Fort Worth, der nach Flugbewegungen der viertgrößte Airport der Welt ist. Hier steigen besonders viele Passagiere um, weshalb es wichtig ist, sie schnell zu ihrem Anschlussflug zu bringen – und das, ohne noch einmal durch eine Sicherheitskontrolle zu müssen. 2005 wurde mit Skylink ein fahrerloses Metro-System eingeführt, das diese Aufgabe mit bis zu 80 km/h erfüllt und die fünf, in Zukunft sechs Terminals in beide Fahrtrichtungen im Zweiminutentakt verbindet. Mit einer stolzen Flotte von 64 Zügen – bei einer Streckenlänge von nicht einmal acht Kilometern – besitzt der Airport das größte Flughafen-Transportsystem der Welt. Die Bombardier-Fahrzeuge fahren auf Gummireifen in einer Betonspur und werden von der Stromschiene zwischen den Rädern geführt.

Ein Airport-Hub braucht einen leistungsfähigen People Mover. Der Skylink mit Bombardier-Fahrzeugen des Typs Innovia APM 200 erfüllt diese Aufgabe. Bilder: Bombardier

44

Vom Pionier zum Alltag

Massenverkehr in türkischen Metropolen

In der Türkei gibt es gleich viele U-Bahnen wie in Deutschland, nämlich fünf. Diese sind: Adana, Ankara, Bursa, Istanbul und Izmir. Mit dem Tünel (siehe S. 18) kann die Türkei ja mit einigem Recht behaupten, eine der ältesten U-Bahnen der Welt zu besitzen und damit zu den Pionieren zu gehören. Doch außer dieser Untergrundseilbahn tat sich in Sachen Metro lange nichts in der Türkei. Es dauerte bis zum Jahr 1989, dass in Istanbul eine U-Bahn eröffnen konnte. Sie ist bis heute auf 115,3 km gewachsen, aber fast doppelt so viel Streckenmeter befinden sich im Bau. Seit 1996 ist die Metro der Hauptstadt Ankara in Betrieb. Sie erreicht inzwischen eine Länge von 64,3 km. Im Jahr 2000 eröffnete die U-Bahn von Izmir, zwei Jahre später folgte die Leicht-U-Bahn von Bursa, die zwei Linien besitzt. Alle Fahrzeuge stammen aus Deutschland von Siemens und Bombardier. Zuletzt reihte sich Adana 2010 in die illustre Gemeinschaft der U-Bahn-Städte ein. Diese Linie ist 13,5 km lang.

Zug der Baureihe Flexity Swift von Bombardier in Diensten der Metro von Izmir. Sie besitzt eine Linie, doch Erweiterungen sind geplant oder befinden sich bereits im Bau.

Schanghai – ein Gigant

Metro in der Stadt der Superlative

45

Sie gilt als das Symbol des wirtschaftlichen Aufstiegs der Volksrepublik China: Schanghai, die Hafenstadt am Chinesischen Meer, die einst einen üblen Ruf als rauhe Hafenstadt besaß (Stichwort: „schanghaien"), darf sich heute des größten Hafens der Welt rühmen. Mit dem wirtschaftlichen Aufschwung kamen die Pendlerströme und es war klar, dass die Stadt ein gut funktionierendes System des ÖPNV brauchte.

Wieder mal gewinnt Bayern München

Beim Kampf um den Auftrag zum Bau einer Metro wurde mit harten Bandagen gekämpft. Letztlich war der Zuschlag für Siemens und Adtranz den Kickern des FC Bayern München zu verdanken. Der damalige bayerische Ministerpräsident – ja, der mit dem Transrapid – vermittelte ein Fußballspiel der Millionentruppe in der Millionenstadt und der dortige

Die U-Bahn Station Disney Resort, die 2016 eröffnet wurde, ist die Endstation der Linie 11 im Osten. Hier kommt man zum Disney-Freizeitpark von Schanghai. Bild: Chenxiaoxi

Müde und geschafft oder geschäftig – in der Linie 9 der Metro von Schanghai treffen die Gegensätze des modernen Kapitalismus aufeinander. Bild: MasaneMiyaPA/CC BY-SA 4.0

Oberbürgermeister unterschrieb. Am 28. Mai 1993 konnte die erste Linie ihren Betrieb aufnehmen. Bis dann eine zweite Linie fertig wurde, sollten sechs Jahre ins Land gehen. Die Verbindungslinie der beiden Flughäfen hatte auch Anschluss an den Transrapid, der in China anders als in Deutschland realisiert wurde.

Eine Zeitlang größte U-Bahn der Welt

Dann ging es sehr schnell, denn die Expo 2010 stand vor der Tür. Es gelang den Chinesen bis dahin, ein Netz auszubauen, das jenes der London Underground übertraf, der seit ihren Anfängen größten U-Bahn der Welt. Elf Linien waren zu diesem Zeitpunkt auf dem Netzplan zu finden. Inzwischen sind fünf weitere hinzugekommen, womit die Metro Schanghai eine Länge von 676 km aufweist. Fortsetzung folgt, denn im Bau oder in Planung sind weitere sechs Linien. Hinzu kommen geplante Verlängerungen bestehender Linien.

Inzwischen hat Peking den Titel des längsten Metro-Netzes der Welt für sich erobert, ein Rekord bleibt den Schanghaiern aber sicher: der der längsten der U-Bahn der Welt, die ihren Strom aus einer Oberleitung bezieht. Denn nur die Linie 16 hat eine seitliche Stromzuführung.

Unterwegs im Mammuttunnel

Guangzhou hat den längsten der Welt

46

In Deutschland ist wahrscheinlich der Name Kanton für diese Stadt bedeutend geläufiger. Guangzhou ist die größte Stadt in Südchina mit weit über zehn Millionen Einwohnern. Die traditionsreiche Industriestadt am Perlenfluss bekam am 28. Juni 1997 ihre erste U-Bahn-Linie. Bis es soweit war, mussten seit den frühesten Planungen in den 1960ern viele Jahre verstreichen. Doch dann ging es umso schneller. Innerhalb von nur 20 Jahren wurden 14 Linien erstellt und 271 Stationen gebaut.

Ein Rekord, der aber wackelt

2010 konnte die Metro von Guangzhou einen Rekord vermelden: Die Linie 3 befährt mit ihrem vierten eröffneten Teilstück einen nunmehr 60.400 m langen Tunnel, dadurch wurde der zum längsten Tunnel

Station Tiyu Xilu der Linie 3 mit ihren Bahnsteigtüren liegt im längsten Verkehrstunnel der Welt. Sie wurde bereits 2006 eröffnet, als der Tunnelbau noch nicht abgeschlossen war.
Bild: 老火豆沙煲/CC BY-SA 3.0

Siemens lieferte die ersten Fahrzeuge. Dieser Zug fährt auf der Linie 1, deren Signalfarbe gelb ist. Die ersten der in Hennigsdorf gebauten Exemplare wurden 1997 ausgeliefert. Bild: Siemens

der Welt und toppt sogar den Gotthard-Basistunnel, der drei Kilometer kürzer ist. Zum Vergleich: Der längste Straßentunnel der Welt ist der 24.510 m lange Lærdalstunnel in Norwegen. Doch der Tunnelrekord von Guangzhou wird in nicht allzulanger Zeit Geschichte sein, denn in Österreich wird schon am Brenner-Basistunnel gebaut, der bei seiner Fertigstellung 64 km lang sein wird.

Mit einer Streckenläge von 514,8 km besitzt Guangzhou das drittgrößte Metro-Netz der Welt. Doch das ist nicht das Ende der Fahnenstange. Nach Abschluss der derzeitigen Planungen sollen einmal 22 Linien fahren. Es ist nicht unwahrscheinlich, dass die hier angegebenen Zahlen bereits beim Eröffnungstermin des Buches schon veraltet sind. Peking und Schanghai werden aber sicher nicht überholt.

Chronik: Längste Tunnel

	Tunnel	seit
1	Mont-Cenis-Tunnel (ITA-FRA)	1871
2	Gotthardtunnel (CH)	1882
3	Apenninbasistunnel (ITA)	1934
4	Shin-Kanmon-Tunnel (JAP)	1975
5	Dai-Shimizu-Tunnel (JAP)	1982
6	Berlin: U-Bahn-Linie 7 (D)	1984
7	Seikan-Tunnel (JAP)	1988
8	Guangzhou: Metro-Linie 3 (CHN)	2010

Der Brenner-Basistunnel (AUT) wird nach seiner Fertigstellung der längste Tunnel der Welt.

U-Bahn-Paradies China

Die Betriebe in Zahlen und Fakten

47

Kennen Sie Shijiazhuang? Oder Foshan? Oder etwa Wuxi? Dann demonstriert das keinesfalls eine große Wissenslücke. Viele der auf diesen beiden Seiten genannten Namen haben wohl die wenigsten Europäer schon mal gehört. Doch diese chinesischen Städte haben eines gemeinsam: Sie besitzen eine U-Bahn. Es scheint fast so, als strebe China mit seinem Metrobau ein neues Weltwunder an. Zur Jahrtausendwende gab es im ganzen Land fünf Metro-Betriebe: Peking, Hongkong, Tianjin, Schanghai und Guangzhou. Und auch die gehörten nicht gerade zu den Schwergewichten in der Welt.

Wie über Nacht entstanden

Anfang des neuen Jahrtausends wurde dann plötzlich eine U-Bahn nach der anderen eröffnet. Die bestehenden Netze wurden in ungeheurem Ausmaß erweitert. Westliche Firmen schlugen sich um einen Großauftrag nach dem anderen, doch immer mehr übernahmen die Chinesen selbst die Regie. Bis Silvester 2019 waren 40 Metro-Netze in Betrieb. Kein anderes Land der Welt hat auch nur annähernd so viele. Aber es geht weiter: Die Tabellen zeigen es. Derzeit befinden sich zwanzig U-Bahnen in ganz China im Bau. Weitere 31 sind in Planung oder werden für eine Realisierung erwogen. Die Volksrepublik steckt astronomische Summen in den Bau der neuen Untergrundnetze. Angesichts des Zuzugs der Landbevölkerung in die Ballungsräume ist das ein entscheidendes Mittel, die Leute in die zum Teil weit entfernten Fabriken zu bringen.

Allerdings kann man sich nur wundern, woher diese Gelder alle

U-Bahnen im Bau	
1	Anyang Metro
2	Bengbu Metro
3	Fenghuang Maglev
4	Guang'an Metro
5	Guilin Metro
6	Hengyang Metro
7	Huai'an Metro
8	Jinhua Metro
9	Jining Metro
10	Liuzhou Metro
11	Luoyang Metro
12	Nantong Metro
13	Qingyuan Maglev
14	Shantou Metro
15	Shaoxing Metro
16	Taiyuan Maglev
17	Taiyuan Metro
18	Taizhou Metro
19	Wuhu Metro
20	Xining Metro

U-Bahnen in Planung

1	Chuzhou Metro
2	Datong Metro
3	Ganzhou Metro
4	Haikou Metro
5	Huainan Metro
6	Huizhou Metro
7	Huzhou Metro
8	Jiaxing Metro
9	Jilin Metro
10	Jiujiang Metro
11	Kunshan Metro
12	Lhasa Metro
13	Linyi Metro
14	Mudanjiang Metro
15	Putian Metro
16	Quanzhou Metro
17	Tangshan Metro
18	Weifang Metro
19	Xiangyang Metro
20	Yancheng Metro
21	Yangzhou Metro
22	Yantai Metro
23	Yichang Metro
24	Yinchuan Metro
25	Yingtan Metro
26	Zhangjiagang Metro
27	Zhangzhou Metro
28	Zhongshan Metro
29	Zhuhai Metro
30	Zhuzhou Metro
31	Zibo Metro

kommen. Dem Fan der U-Bahn wird das gleichgültig sein, wenn auch die Fahrkarten für das Abfahren aller chinesischen Linien möglicherweise den einen oder anderen Streckenkilometer refinanzieren helfen. Die Metro-Netze sind sicher eine der größten Leistungen der chinesischen Regierung in den letzten Jahren.

Chinas U-Bahnen

	Name	seit
1	U-Bahn Peking	1.10.1969
2	Mass Transit Railway Hongkong	1.10.1979
3	U-Bahn Tianjin	28.12.1984
4	U-Bahn Schanghai	28.5.1993
5	U-Bahn Guangzhou	28.6.1997
6	U-Bahn Wuhan	28.9.2004
7	Hochbahn Chongqing (Einschienenbahn, U-Bahn: 18.3.2011)	6.11.2004
8	Shenzhen Metro	28.12.2004
9	U-Bahn Nanjing	15.6.2005
10	U-Bahn Chengdu	27.9.2010
11	Shenyang Metro	27.9.2010
12	U-Bahn Foshan	3.11.2010
13	Changchun Rail Transit	30.6.2011
14	U-Bahn Xi'an	16.9.2011
15	U-Bahn Suzhou	28.4.2012
16	U-Bahn Kunming	28.6.2012
17	U-Bahn Hangzhou	24.11.2012
18	U-Bahn Harbin	26.9.2013
19	U-Bahn Zhengzhou	28.12.2013
20	U-Bahn Changsha	29.4.2014
21	U-Bahn Ningbo	30.5.2014
22	U-Bahn Wuxi	1.7.2014
23	U-Bahn Dalian	22.5.2015
24	U-Bahn Qingdao	16.12.2015
25	U-Bahn Nanchang	26.12.2015
26	U-Bahn Fuzhou	18.5.2016
27	U-Bahn Dongguan	27.5.2016
28	U-Bahn Nanning	28.6.2016
29	U-Bahn Hefei	26.12.2016
30	Shijiazhuang Metro	26.6.2017
31	U-Bahn Guiyang	28.12.2017
32.	Xiamen Metro	31.12.2017
33	Ürümqi Metro	25.10.2018
34	Wenzhou Metro	23.1.2019
35	Jinan Metro	1.4.2019
36	U-Bahn Lanzhou	23.6.2019
37	Changzhou Metro	21.9.2019
38	Xuzhou Metro	28.9.2919
39	Macau Light Rapid Transit	10.12.2019
40	Hohhot Metro	29.12.2019

Der Skytrain von Bangkok

Aushängeschild der Thai-Metropole

48

In Bangkok gibt es seit 2004 eine Metro, die derzeit mit zwei Linien aufwarten kann. Doch es gibt auch den Skytrain. Der war schon fünf Jahre früher in Betrieb.Es sollte ursprünglich nach dem Vorbild von Vancouver gebaut werden, doch außer dem gleichen Namen ist davon nicht mehr viel übrig geblieben. Letztlich umgesetzt wurde diese moderne Hochbahn mit fahrerlosem automatischem Betrieb von der Firma Siemens, die auch das für Normalspur produzierte Rollmaterial stellte. Betreiber ist die Bangkok Mass Transit System (BTS), weshalb man auch oft die Bezeichnung BTS Skytrain hört. Zwei Linien wurden gebaut, die immer wieder verlängert wurden. Es gibt Umsteigemöglichkeiten zur Metro oder einem Flughafenzubringer. Besonders für den Touristen ist der Skytrain, der auf einer Strecke von fast 60 km – später sollen es einmal 91 werden – durch die thailändische Hauptstadt fährt, ein optischer Leckerbissen – man sieht im Gegensatz zur Metro die Gegend.

Der Siemens-Zug des Typs EMU-A verlässt die Station Chong Nonsi der Silom-Linie. Bei der Eröffnung der Bahn 1999 standen 35 Exemplare zur Verfügung. Bild: Siemens

Massenverkehr im Stadtstaat

49

Singapur besitzt eine leistungsfähige U-Bahn

Am 7. November 1987 wurde in Singapur nach zwanzig Jahren Überlegen und Planen zwischen Yio Chu Kang und Toa Payoh die erste U-Bahn eröffnet. Einen Monat später kam die zweite Linie hinzu. Bis 2020 wurde das Netz systematisch ausgebaut und die Strecken verlängert. Inzwischen gibt es sechs Linien, von denen vier zur Singapore Mass Rapid Transit (SMRT) gehören, die beiden anderen werden von der SBS Transit betrieben. Damit besitzt Singapur ein Streckennetz mit 203 km.

Die North South Line und die East West Line fahren automatisch. Zählt man sie zusammen, dann hat sie U-Bahn von Singapur (noch) das längste Netz mit fahrerlosem Betrieb. Die längste Stecke besitzt allerdings Dubai (siehe S. 70).

Die U-Bahn wurde so gebaut, dass sie im Falle eines Luftangriffs als Bunker dienen kann. Singapur hatte im Zweiten Weltkrieg stark gelitten. Teile der Anlage gehören zu den tiefsten U-Bahn-Bauten der Welt.

Die meisten Züge der SMRT gehören zur Baureihe C151 von Kawasaki Heavy Industries. Sie sollen ab 2020 durch neuere Fahrzeuge von Bombardier ersetzt werden. Bild: Albert Chan

Die größten U-Bahn-Netze
Rangliste der größten Metros der Welt

50

Die Weltbevölkerung steigt enorm an. Zugleich stellen wir einen Grad an Verstädterung fest, womit sich die Verkehrsprobleme in den Ballungszentren massiv verstärken. So wird die Unter-

Die 100 größten U-Bahnen

	Stadt	Streckenlänge	Land	Eröffnung
1	Peking	690,5 km	China	1971
2	Schanghai	676,0 km	China	1993
3	Guangzhou	514,8 km	China	1997
4	Moskau	408,1 km	Russland	1935
5	London	402,0 km	Großbritannien	1863
6	Shenzhen	382,1 km	China	2004
7	New York City	380,2 km	USA	1904
8	Nanjing	378,0 km	China	2005
9	Seoul	357,9 km	Südkorea	1974
10	Delhi	347,6 km	Indien	2002
11	Wuhan	339,0 km	China	2004
12	Chongqing	326,9 km	China	2005
13	Chengdu	302,7 km	China	2010
14	Madrid	288,5 km	Spanien	1919
15	Tianjin	236,0 km	China	1984
16	Paris	214,0 km	Frankreich	1900
17	Hangzhou	206,0 km	China	2012
18	Singapur	202,4 km	Singapur	1987
19	Mexiko-Stadt	200,9 km	Mexiko	1969
20	Tokio	195,1 km	Japan	1927
21	Washington D.C.	188,0 km	USA	1976
22	San Francisco	186,8 km	USA	1972
23	Hong Kong	174,7 km	China	1979
24	Qingdao	169,4 km	China	2015
25	Suzhou	166,2 km	China	2012
26	Chicago	165,4 km	USA	1895
27	Xi'an	161,6 km	China	2011
28	Dalian	153,5 km	China	2003
29	Zhengzhou	151,8 km	China	2013
30	Berlin	151,7 km	Deutschland	1902
31	Teheran	149,1 km	Iran	1999
32	Taipei	146,2 km	Taiwan	1996

	Stadt	Streckenlänge
33	Changsha	142,5 km
	Kuala Lumpur	142,5 km
35	Santiago	140,0 km
36	Busan	139,9 km
37	Seoul Korail	133,0 km
38	Osaka	129,9 km
39	Sankt Petersburg	124,8 km
40	Barcelona	122,3 km
41	Shenyang	116,0 km
42	Istanbul	115,3 km
43	Tokio Toei	109,0 km
44	Stockholm	108,0 km
45	Hamburg	106,1 km
46	Ningbo	102,0 km
47	São Paulo	101,1 km
48	Rotterdam	100,6 km
49	Mailand	96,8 km
50	München	95,0 km
51	Nagoya	93,3 km
52	Hefei	89,5 km
53	Athen	88,7 km
54	Kunming	87,2 km
55	Oslo	85,0 km
56	Wien	83,3 km
57	Daegu	81,2 km
58	Nanning	81,0 km
59	Vancouver	79,6 km
60	Kairo	77,9 km
61	Newcastle	77,5 km
62	Atlanta	76,6 km
63	Toronto	76,5 km
64	Doha	76,0 km
65	Dubai	74,6 km
66	Xiamen	71,9 km

grundbahn mancherorts überlebenswichtig. In den letzten Jahren werden vor allem in Asien riesige Metronetze aufgebaut. Auf diesen Seiten sind die hundert längsten Streckennetze der Welt aufgelistet (Stand 2019). Man sieht, dass nur noch vier Betriebe unter den Top 15 nicht aus Asien stammen. Dieser Trend wird sich in den kommenden Jahren sicher noch verstärken. Auf den stark wachsenden Kontinenten Südamerika und Afrika hingegen ist mangels Kapital abgesehen von einigen Zentren noch kein Anstieg von U-Bahn-Kilometern zu beobachten.

...and	Eröffnung
...hina	2014
...alaysia	1996
...hile	1975
...üdkorea	1985
...üdkorea	1994
...apan	1933
...ussland	1955
...panien	1924
...hina	2010
...ürkei	1989
...apan	1960
...chweden	1950
...eutschland	1912
...hina	2014
...rasilien	1974
...ederlande	1968
...alien	1964
...eutschland	1971
...pan	1957
...hina	2016
...riechenland	1904
...ina	2012
...orwegen	1966
...sterreich	1976
...dkorea	1997
...ina	2016
...anada	1985
...gypten	1987
...oßbritannien	1980
...SA	1979
...anada	1954
...tar	2019
...reinigte Arabische Emirate	2009
...ina	2017

	Stadt	Streckenlänge	Land	Eröffnung
67	Bukarest	71,4 km	Rumänien	1979
68	Montreal	71,0 km	Kanada	1966
	Bangkok	71,0 km	Thailand	2004
70	Hyderabad	69,0 km	Indien	2017
71	Changchun	68,8 km	China	2011
72	Kiew	67,6 km	Ukraine	1960
73	Caracas	67,2 km	Venezuela	1983
74	Prag	65,2 km	Tschechien	1974
75	Ankara	64,3 km	Türkei	1997
76	Shijiazhuang	61,6 km	China	2017
77	Wuxi	61,2 km	China	2014
78	Boston	61,0 km	USA	1901
79	Nanchang	60,2 km	China	2015
80	Rom	60,0 km	Italien	1955
81	Philadelphia	59,1 km	USA	1907
82	Incheon	58,5 km	Südkorea	1999
83	Bangkok	58,3 km	Thailand	1999
84	Rio de Janeiro	58,0 km	Brasilien	1979
85	Buenos Aires	56,7 km	Argentinien	1926
86	Fuzhou	55,5 km	China	2016
87	Wenzhou	53,5 km	China	2019
88	Yokohama	53,4 km	Japan	1972
89	Taoyuan	53,1 km	Taiwan	2017
90	Sofia	48,0 km	Bulgarien	1998
	Sapporo	48,0 km	Japan	1971
92	Jinan	47,7 km	China	2019
93	Bilbao	45,1 km	Spanien	1995
94	Lille	45,0 km	Frankreich	1983
	Chennai	45,0 km	Indien	2015
96	Lissabon	44,2 km	Portugal	1959
97	Porto Alegre	43,8 km	Brasilien	1985
98	Kaohsiung	42,7 km	Taiwan	2008
99	Brasília	42,4 km	Brasilien	2001
100	Bengaluru	42,3 km	Indien	2011

1903: Unfall in der Métro

Ganz Paris stand unter Schock

51

Die neue Métro war der Stolz der Pariser. Seit drei Jahren gab es sie und sie funktionierte prächtig – bis zum Abend des 10. August 1903. Georges Chauvin, der Kondukteur des Zugs Nr. 43 entdeckt an einem oberirdischen Streckenabschnitt einen kleinen Schwelbrand, den offenbar ein Kurzschluss ausgelöst hatte. Er ließ die Fahrgäste aussteigen und man glaubte, den Brand gelöscht zu haben. Doch der Versuch, den leeren Zug zur Endstation zu fahren und dort zu reparieren, scheitert. So wird Zug 52 geleert, um die defekte Nr. 43 anzuschieben. Leider flammte das Feuer im Tunnel zwischen Couronnes und Ménilmontant wieder auf – noch stärker. Der Qualm wurde unerträglich. Doch noch schlimmer: Der Strom fiel aus und in der Station Couronnes war es plötzlich stockdunkel. Fahrgäste gerieten in Panik, wo war der Ausgang? Das Feuer fraß den Sauerstoff weg, der U-Bahnsteig wurde zu einer tödlichen Falle. Nach dem Unglück wurden umfangreiche technische Verbesserungen und Sicherheitsmaßnahmen angeordnet, die einen derartigen Unfall verhindern sollten. In der Tat gab es nie wieder eine solche Tragödie.

Den mit Fackeln ausgerüsteten Feuerwehrleuten bot sich ein Bild des Grauens. 84 Menschen waren gestorben. Der schlimmste Unfall in der Geschichte der Métro. Bild: Le Petit Journal

1918 in New York

U-Bahn Unglück Malbone Street

Kein Feuer, sondern zu hohe Geschwindigkeit war die Ursache des schlimmsten Unfalls in der Geschichte der New York Subway. Am 1. November 1918 streikte ein Teil der Fahrzeugführer der Brooklyn Rapid Transit Company. Das Unternehmen griff deshalb zum Teil auf Angestellte im Innendienst zurück, die wenig bis gar keine Erfahrung hatten. Unter ihnen war auch Antonio Edward Luciano, seines Zeichens Dispatcher. Gegen dreiviertel sieben Uhr abends war er mit seinem Zug mit fünf größtenteils aus Holz gebauten Wagen im Triebwagen 726 auf der Brighton Line (heute Teil der Franklin Avenue Line) unterwegs. Er war nach kurzer Einweisung gleich in einen vollbesetzten Zug im Berufsverkehr gestopft worden. Eine S-Kurve in einem Tunnelabschnitt bei Malbone Street (heute Empire Bou-

levard) Richtung Station Prospect Park wurde ihm schließlich zum Verhängnis. Aus Sicherheitsgründen waren hier höchstens 10 km/h erlaubt, doch Luciano ist mit schätzungsweise 50 bis 60 km/h hineingefahren! Er überlebte, was nun passierte und meinte zum Unfallhergang später: „Ich habe die Kontrolle über das verdammte Ding verloren. Das ist alles." Am schlimmsten traf es die Insassen der beiden Wagen hinter dem Triebwagen, die an der Tunnelwand zerschellten. 93 Menschen überlebten den Aufprall nicht, weit über hundert wurden zum Teil schwer verletzt.

Eine Folge des Unfalls war die Einführung von Tachos. In einem Prozess wurden sowohl die BRT als auch Luciano freigesprochen. Dieser änderte nach dem Presserummel seinen Namen und starb 1985 im Alter von 91 Jahren.

Ein Wagen in Trümmern. Glasscherben und Holzsplitter können tödlich sein.
Bild: New York Transit Museum

53

1995: Giftgas in Tokio

Als die Welt lernte, was Sarin ist

Sein Bild ging um die Welt: Shoko Asahara, ein verrückter Sektenchef, stiftete fünf seiner Jünger an, mitten in Tokio einen infamen Giftanschlag zu verüben. Dabei verwendeten sie das Giftgas Sarin, das die Nerven angreift und schon in kleinen Mengen tödlich sein kann. Es war in Beutel verpackt. Die Täter legten die Giftbeutel in verschiedenen U-Bahnen ab und stießen kurz vor dem Verlassen der Wagen mit Regenschirmen in die Behältnisse, sodass das giftige Gas ausströmen konnte. Mit den Zügen verteilte sich das Gas auch in mehr als einem Dutzend U-Bahn-Stationen. Der perfide Plan ging auf: 13 Menschen starben, mehrere tausend Passagiere wurden verletzt und viele mussten ins Krankenhaus.

Das Endziel der Spinner, den Dritten Weltkrieg auszulösen, ging zum Glück schief. Ihre Verblendung büßten die Mitglieder der Aum-Sekte mit dem Tod, auch ihr Führer Asahara, den man zwei Monate nach dem Anschlag verhaftet hatte, wurde 2018 hingerichtet. Die Angst der Japaner saß tief. Besonders bei den direkt Betroffenen, von denen viele noch Jahre später unter dem Anschlag leiden.

Die Station Kasumigaseki im Regierungsviertel von Tokio. Hier wurde am 20. März 1995 der Giftgasanschlag verübt, 13 Menschen wurden getötet, tausende verletzt. Bild:Nesnad/CC BY 4.0

Der schlimmste Unfall

Wieviele Menschen starben in Baku?

In Baku, der Hauptstadt von Aserbaidschan, wurde noch zu Sowjetzeiten eine U-Bahn gebaut. 1967 feierte man die Eröffnung des ersten Streckenabschnitts. Nördliche Endstation war Nariman Narimanov, benannt nach dem ersten Ministerpräsidenten der Aserbaidschanischen Sozialistischen Sowjetrepublik, einer Teilrepublik der UdSSR. Wieder war es im abendlichen Berufsverkehr am 28. Oktober 1995. Der U-Bahn-Zug war mit rund tausend Passagieren voll besetzt. Er verließ gerade die Station Ulduz, da bemerkten einige Fahrgäste Rauch. Ein Kurzschluss! In unglaublicher Geschwindigkeit fing ein Wagen Feuer und brannte bald lichterloh. Auch der nächste Wagen geriet schon in Brand. Der Zug blieb in dem engen Tunnel stehen, die Türen ließen sich nicht mehr öffnen. Giftige Dämpfe des brennenden Kunststoffs erstickten die Menschen. Viele schlugen die Scheiben ein und versuchten zu fliehen. Der Oberleutnant Tschingis Babajew versuchte, für Ordnung zu sorgen und konnte vielen Menschen das Leben retten. Es selbst hat es nicht geschafft. Ein Denkmal, das an ihn erinnert, steht heute in der Station Ulduz.

Das Ergebnis dieser beispiellosen Tragödie ist umstritten. Die Opferzahlen schwanken je nach Quelle zwischen 289 und 337 Toten. In der Leichenhalle sollen es 303 Tote gewesen sein. Sicher ist, dass 28 Kinder von den in Panik geratenen Menschen rücksichtslos tot getrampelt worden sind. Die Untersuchungskommission gab der veralteten Technik die Schuld an dem schwersten Unfall in der Geschichte der U-Bahn.

Die Station Nariman Narimanov wäre der nächste Halt des U-Bahn-Zuges gewesen. Doch er kam nie an. Es war der schlimmste U-Bahn-Unfall der Geschichte. Bild: Araz Yaquboglu/CC BY 4.0

55 Krieg unter der Erde

2010 erschüttern U-Bahn-Anschläge Moskau

Als die Sowjetunion auseinanderfiel, gewannen die Teilrepubliken ihre Souveränität. Neue Staaten erschienen auf der Landkarte, wie die drei baltischen Staaten, Weißrussland oder die Ukraine. Doch die Russische Republik war wiederum ein Gebilde mit mehreren autonomen Republiken. Eine davon ist Tschetschenien. Die dort lebende sunnitische Bevölkerung suchte ebenfalls die Unabhängigkeit. Am 11. Dezember 1994 begann der Erste Tschetschenienkrieg, der zwei Jahre dauerte, ein zweiter Krieg dauerte von 1999 bis 2009. Es war ein blutiger Krieg Davids gegen Goliath, den die Tschetschenen in der Gestalt des Terrors auch ins russische Kernland trugen. 2009 wurde offiziell Frieden geschlossen, doch der Krieg ging eigentlich weiter. Als Antwort auf den gewaltsamen Tod von tschetschenischen Zivilisten am 11. Februar 2010 befahl der tschetschenische Guerillachef Doku Umarow am 28. März dieses Jahres einen menschenverachtenden Doppelanschlag auf die Moskauer Metro. Es war im morgendlichen Berufsverkehr am ersten Tag der neuen Arbeitswoche. In die Station Lubjanka und wenig später in die Station Park Kultury trugen zwei Frauen mit Schrauben vollgestopfte Sprengsätze und brachten sie zur Explosion. Die Wirkung der von den Selbstmordattentäterinnen gezündeten Bomben war verheerend. Insgesamt 40 Fahrgäste erlagen ihren schweren Verletzungen, 88 zum Teil schwer Verwundete kamen ins Krankenhaus. Die Menschen gerieten in Panik und flohen ans Tageslicht.

Russische Sicherheitskräfte verfolgten die mutmaßlichen Attentäter und töteten sie. Auftraggeber Umarow, der ein dreiviertel Jahr später einen Selbstmordanschlag auf den Flughafen Moskau-Domodedowo befohlen hatte, wurde 2013 vergiftet.

Blumen und Kerzen für die Opfer des brutalen Terroranschlags in der Moskauer Metro. Bild: Скампецкий/CC BY 3.0

Tod in der U-Bahn

Verstörende Taten, Nachahmer stoppen

Als Goethe seinen Briefroman „Die Leiden des jungen Werthers" veröffentlichte, konnte er nicht ahnen, dass es viele Leser gab, die sich seine Romanfigur zum Vorbild nahmen und sich ebenfalls erschossen. In der Wissenschaft spricht man deshalb vom „Werther-Effekt", wenn ein Selbstmord Nachahmer findet. Das ist auch zu beobachten, wenn sich ein Unglücklicher vor den Zug geworfen hat. Die Münchner MVG startete 2000 ein Pilotprojekt zur Suizidprävention. Man hatte die Medien der Stadt gebeten, von Selbstmorden in der U-Bahn nicht mehr zu berichten, um zu verhindern, dass potenzielle Nachahmer einen Anreiz zu einer eigenen derartigen Tat finden. Die Erfolge dieser Strategie sprechen für sich. Die Selbstmordrate soll um 50 Prozent gesunken sein. Ähnliches wäre sicher auch bei „U-Bahn-Schubsern" zu wünschen, schlagzeilengeilen Primitivlingen, die sich durch die Berichte in den Medien offenbar für wichtig halten. Doch solche überregional „interessanten" Ereignisse sind wohl nicht zu verschweigen.

Das Einfahren einer U-Bahn in die Station ist besonders gefährlich. Leider gibt es in letzter Zeit immer mehr Spinner, die Leute einfach vor die Züge schubsen. Bild: Grace Winter/Pixelio.de

Die Fahrzeuge der Métro

Frühe Baureihen der Pariser U-Bahn

57

Die Katastrophe von 1903 (siehe S. 104) hatte gezeigt, dass es problematisch ist, wenn ein U-Bahn-Zug zu einem großen Anteil aus brennbaren Materialien, vor allem Holz, besteht. Deshalb wurde angestrebt, neue Fahrzeuge zu beschaffen, die einen Aufbau aus Metall hatten und vor allem deutlich mehr Sicherheit bei der elektrischen Ausstattung boten. Drei verschiedene Systeme wurden hergestellt und in größerer Stückzahl beschafft. Allerdings war keine der Baureihen völlig zufriedenstellend. 1907 wurde deshalb ein neues Fahrzeug eingeführt, dass im elektrischen Teil die Vorzüge zweier technischer Systeme vereinte. So kam auch der Name zustande: Sprague-Thomson – nach zweien der Vorgängermodelle. Das dritte war Westinghouse.

Diese zweimotorigen Züge bewährten sich hervorragend. Die Compagnie du chemin de fer métropolitain de Paris (CMP) baute auch ihre älteren Fahrzeuge nach diesem Vorbild um, sodass ein sehr homogener Fuhrpark entstand. Die konkurrierende Gesellschaft Nord-Sud kaufte ab 1910 dieselben Fahrzeuge, stattete sie aber mit vier Motoren aus, was bei der CMP

Ein Zug der Linie 8 der Pariser Métro, der in Richtung Charenton-Ecoles unterwegs ist. Das Fahrzeug gehört zur Serie 500 von Sprague-Thomson. Bild: Sammlung Michael Dörflinger

Dieser Wagen wurde auf der Linie 9 eingesetzt. An der Unterseite der Tür sind die Initialen der „Compagnie du chemin de fer métropolitain de Paris" zu sehen. Bild: Yann Caradec/CC BY-SA 2.0

erst seit 1927 geschah. Die Sprague-Thomson entwickelten sich bis zum letzten Baujahr 1936 zur meistgebauten Baureihe der Pariser Métro mit über 2.700 Exemplaren. Und sie erwiesen sich als zuverlässig und langlebig. Erst am 16. April 1983 absolvierte ein Zug auf der Linie 9 seine letzte Dienstfahrt. Einige Fahrzeuge wurden zu Bahndienstwagen umgebaut und noch bis 2011 im Einsatz gehalten.

Entwicklung einer Legende

Die Sprague-Thomson-Züge (Baureihen 500/600/800/1000) unterschieden sich von den früheren Fahrzeugen nicht nur durch den Metallaufbau, sondern sie waren auch mit Drehgestellen ausgestattet. Fahrschalter und Steuerleitung wurden von den Sprague-Modellen übernommen, Fahrtrichtungsschalter und Schütze stammten von Thomson. Die Triebwagen waren 13,35 m lang und konnten 89 Passagiere aufnehmen. Bei der Nord-Süd waren sie etwas länger und boten Raum für 93 Fahrgäste. Die Wagen waren je nach Baujahr zwischen 12,45 und 14,2 m lang. Hier passten 101 bis 116 Passagiere hinein. Der Komfort war – verglichen mit heutigen Fahrzeugen – sehr spartanisch, es gab zwei Wagenklassen, einige Wagen waren mit beiden Klassen gebaut worden.

Linie 14, Orlyval und mehr

Pariser Métro ohne Fahrer

58

Frankreich ist ein Pionier in Sachen fahrerlose Métro, die erste der Welt war bereits 1983 in Lille eingeweiht worden (siehe S. 68). Auch in Toulouse und Rennes wurden 1993 und 2002 solche U-Bahnen installiert. So ist es kein Wunder, dass auch die Hauptstadt mit dieser modernen Technik prunken wollte. Den ersten Schritt unternahm ein Konsortium, zu dem Matra, die RATP und mehrere Banken gehörten. Zum Flughafen Paris-Orly wurde als Abzweig der RER 2 ab der Station Anthony 1991 eine 7,3 km lange U-Bahn eröffnet, die den Namen Orlyval bekam. Heute gehört sie einer Tocher der RATP und ist teilweise im Tarifverbund mit der Métro. Sie wurde mit der VAL-Technologie von Matra gebaut und besitzt Gummireifen.

Eine neue Linie nach 53 Jahren

Hinter der Bezeichnung „Métro Est-Ouest Rapide" (Ost-West-Schnell-Métro), abgekürzt Météor, stand nichts anderes als die erste neue U-Bahn-Linie seit 1935, die eine besonders schnelle Verbindung aus dem Westen und dem Osten in die Innenstadt bietet. Die Strecke war bereits 1997 fertig, aber zur Sicherheit fanden ausgiebige Tests mit der neuen Technik statt: dem fahrerlosen Betrieb. Die Züge kommunizieren miteinander und können untereinander ihre Positionen austauschen. Dadurch

Blick aus dem Fahrzeug eines Zugs der Métro-Linie 14. Man erkennt links und rechts die geschlossenen Bahnsteigtüren. Bild: kaffeeeinstein/CC BY-SA 2.0

CDGVAL bedeutet „Charles de Gaulle véhicule automatique léger". Der Flughafen Paris-Charles de Gaulle besitzt seit 2007 zwei Linien dieses fahrerlosen People Movers. Bild: Siemens

kann die Länge des Sicherheitsabstands deutlich reduziert werden, was eine höhere Taktfrequenz möglich macht. Im Oktober 1998 wurde endlich die Einweihung gefeiert. Inzwischen wurde die Linie in beiden Richtungen stark erweitert, 2007 wurde die Linie 1 auf fahrerlosen Betrieb umgestellt. Doch das ist noch längst nicht alles. Die RATP hat kühne Pläne für ihre Métro. Bis 2030 soll der Grand Paris Express gebaut werden, bei der vier neue fahrerlose Linien entstehen sollen, die eine enge Anbindung des Umlands mit dem Zentrum zum Ziel haben. Die nicht fahrerlose Métrolinie 11 und die Linie 14 werden in dieses System integriert.

Mit dem CDGVAL besitzt Paris noch ein drittes fahrerloses System. Dabei handelt es sich um einen People Mover auf dem internationalen Flughafen Paris-Charles de Gaulle. Die Doppeltriebwagen des Typs VAL 208 NG stammen von Siemens und fahren auf Gummireifen in betonierten Spuren. Zwei Linien wurden eingerichtet.

Hier sieht man einen Zug der Linie 14 in der Station Châtelet. Bild: Pline/CC BY-SA 3.0

Legendäre Schienenfahrzeuge

Die Baureihe AI der Berliner U-Bahn

59

Mit der Eröffnung der ersten Strecke der Berliner Hoch- und Untergundbahn am 18. Februar 1902 feierten auch die Triebwagen und Wagen der Baureihe AI ihre Premiere. Ihre elektrische Ausrüstung stammte von Siemens & Halske, dem Unternehmen, das den Bau der Hochbahn seit 1896 durchgeführt hatte. Der mechanische Teil der ersten Züge stammte von der Straßen-Eisenbahn-Gesellschaft Falkenried und der Düsseldorfer Gesellschaft für Eisenbahnbedarf (Weyer). Dabei handelte es sich um 42 Triebwagen und 22 Wagen. Die Triebwagen hatten drei Fahrmotoren. Ein Zug bestand aus zwei Triebwagen und einem Wagen in der Mitte. Der gesamte Aufbau der Wagen bestand hauptsächlich aus Holz.

Bis 1904 wurden noch drei weitere Bestellungen aufgegeben. Neben Falkenried traten diesmal Linke-Hofmann und van der Zypen & Charlier als Hersteller auf. Ein wichtiger Unterschied zur ersten Lieferung war die Tatsache, dass die Triebwagen nun vier Fahrmotoren besaßen, womit die Laufachse entfiel und das Ankuppeln eines zweiten Mittelwagens möglich wur-

Hochbahnhof Bülow-Straße. Hier stand bis vor 150 Jahren eine heute kaum noch bekannte andere Berliner Mauer, nämlich die Zollmauer. *Bilder: Sammlung Michael Dörflinger*

Diese Triebwagen der Baureihe AI (später auch A1 genannt) an den Zugenden fahren mit zwei Wagen zum Bahnhof Schlesisches Tor. Der Zug stammt bereits aus der 2.–4. Lieferung.

de. Die Lieferungen 5 bis 15 in den Jahren zwischen 1906 und 1913 wurden weiter verbessert, vor allem die bequemere und sichere Schützensteuerung war ein wesentliches Element. Insgesamt wurden 229 Triebwagen und 680 Wagen gebaut.

Ausstattung und Einsatzgeschichte

Die Fahrzeuge waren 12,7 bis 12,8 m lang. Die Triebwagen boten 26 bis 31 Sitzplätze, in den Beiwagen konnten 34 bis 38 Personen sitzen. Man kann auf den Bildern erkennen, dass alle Wagen einen Oberlichtaufbau hatten. Bei den Triebwagen waren die als Schleppdach nach unten gezogen. Es gab bis 1927 zwei Wagenklassen, wobei die erste gelb und die zweite rot lackiert war. Die Schöneberger U-Bahn hatte ähnliche Fahrzeuge. Sie wurden bei der Eingemeindung angepasst. Die Fahrzeuge der Baureihe wurden 1924 bis 1926 durch 135 Trieb- und 76 Beiwagen ergänzt, die jedoch mit Stahlskelett gebaut wurden. Mit Credé, Wismar, Fuchs und MAN waren im Laufe der Jahre noch weitere Hersteller hinzugekommen.

Bei der BVG im Westen Berlins wurden die A1 1968 aus dem Verkehr gezogen. In der DDR hielten die rechteckigen Fahrzeuge sogar bis 1989 durch und wurden als älteste Schnellbahnfahrzeuge der Welt bestaunt.

Die Kleinprofilfahrzeuge

Baureihen der Berliner U-Bahn

60

Die ersten U-Bahnen in Berlin waren Kleinprofillinien. Das bedeutet, dass das Tunnelprofil mit 6,24 x 3,3 m kleiner war als das der Großprofillinien, die ein Tunnelprofil von 6,9 x 3,6 m besaßen. 1928/29 beschaffte die Hochbahngesellschaft für die Kleinprofilstrecken als Nachfolger der A1 (siehe S. 114) Fahrzeuge der Baureihe AII, die sich durch ein paar Verbesserungen wie Scharfenbergkupplungen oder Doppelschiebetüren auszeichneten. Es dauerte bis 1960, dass wieder neue Fahrzeuge bestellt wurden. Das war die Baureihe A3, die an die Großprofilbaureihe D von 1957 angelehnt war. Sie wurde zuerst in Stahlbauweise, ab 1965 in Leichtmetallbauweise produziert. Die letzten Exemplare wurden in modernisierter Form noch 1994 gebaut.

Im Osten der Stadt wurden ab 1975 von Hennigsdorf Doppeltriebwagen des Typs GI gefertigt. Dort wurden auch ab 2000 die vierteiligen Triebzüge HK produziert. Ab 2015 werden von Stadler gebaute Nachfolger des Typs IK eingesetzt, allerdings noch in sehr geringer Stückzahl. Sie finden bei den Passagieren so manche Kritik. Für 2023 wird bereits eine neue Baureihe JK projektiert, die die alten Züge ersetzen soll.

Ein Exemplar der Baureihe A3L 92 im Bahnhof Krumme Lanke. Diese Anfang der 1990er gefertigten Fahrzeuge mit Drehstromantrieb fußen auf der Serie A3 von 1960.

Bilder: Peter von Bechen/Pixelio.de // American National Red Cross Photograph Collection/Library of Congress (links)

Abbildung vom Bau einer Kleinprofillinie in Berlin. Die meisten Tunnelstrecken wurden im Unterpflasterverfahren gebaut. Schwere Stahlträger sorgen für Stabilität.

Große Geschichte

S-Bahn und U-Bahn in Berlin

61

Mit den ersten U-Bahn-Linien begann 1902 die Geschichte des Berliner Metro-Verkehrs. Am 30. Januar 1923 wurde nach langer Bauunterbrechung wegen des Ersten Weltkriegs zwischen Halleschem Tor und Stettiner Bahnhof die erste Großprofillinie eröffnet. Heute gehören die Linien 5 bis 9 zum Großprofilnetz. Die verschiedenen Baureihen bis zur Wiedervereinigung bekamen die Buchstaben A bis F. Besondere Wertschätzung erfuhr die 1930 in Serie gehende Baureihe C. Die Sowjetunion war ebenfalls angetan und verfrachtete 1945 120 Exemplare als Reparation nach Moskau, um sie umzuspuren und für die dortige Metro zu verwenden. In Ost-Berlin wurden daraufhin ehemalige S-Bahn-Fahrzeuge umgebaut, außerdem kaufte man aus dem Westen Exemplare der Baureihe D. In

Die U-Bahnen Berlins

Linie	heutige Strecke	eröffnet
U1	Uhlandstraße–Warschauer Straße	1902
U2	Pankow–Ruhleben	1902
U3	Warschauer Straße–Krumme Lanke	1913
U4	Nollendorfplatz–Innsbrucker Platz	1910
U5	Alexanderplatz–Hönow	1930
U6	Alt-Tegel–Alt-Mariendorf	1923
U7	Rathaus Spandau–Rudow	1924
U8	Wittenau–Hermannstraße	1927
U9	Rathaus Steglitz–Osloer Straße	1961

den 1990ern wurden die neuen Modelle für die Großprofilstrecken parallel zu den Kleinprofilbaureihen entwickelt mit den Baureihen H, I, J.

Die Fahrzeuge der Berliner S-Bahn

Die Berliner S-Bahn ist die älteste in Deutschland (siehe S. 170). Die ersten Fahrzeuge waren die der Baureihe Baureihe ET 169, doch die hatten so ihre Probleme, weshalb man sehr schnell die ET 168 einführte. Den Höhepunkt bildeten jedoch die Triebzüge der Baureihe ET 165, die in 1.276 Exemplaren gebaut wurde. Diese Fahrzeuge wurden von der Reichsbahn der DDR als Baureihe 275, nach der Wiedervereinigung als Baureihe 475 bezeichnet. Bis 1997 waren die ET 165 noch auf dem Berliner S-Bahn-Netz im Dienst. In der DDR wurde 1987 die wegen ihrer Lackierung als „Coladosen" bekannte Baureihe 270 (DB 485) eingeführt. Nach der Wiedervereinigung wurde mit der zwischen 1996 und 2004 gebauten Baureihe 481/482 ein starker moderner Bestand von 500 Doppeltriebwagen in Dienst genommen. Mit der neuen Baureihe 483/484 sind ab Januar 2021 die ersten von Stadler und Siemens gebauten vier- und zweiteiligen Züge neu im Einsatz.

Die Berliner U-Züge haben eine charakteristische gelbe Lackierung. Bild: Alexandra Bucurescu/Pixelio.de

Triebwagen der Baureihe ET 165 wurden von 1928 bis 1932 gebaut. Bild: Erich Westendarp/Pixelio.de

Unterwegs in Hamburg

Die Triebzüge der Hansestadt

62

Bei der Hamburger Hochbahn (siehe S. 78) wurde nach dem Zweiten Weltkrieg der alte Fahrzeugbestand der T-Wagen zuerst modernisiert, dabei galt es vor allem, die vielen im Bombenkrieg zerstörten und beschädigten Fahrzeuge aufzuarbeiten. Erledigt wurde das bei der FFG Fahrzeugwerkstätten Falkenried GmbH, seit 1918 ein Tochterunternehmen der Hamburger Hochbahn. Doch der Bedarf an modernen Fahrzeugen wurde immer größer. Vor allem auch deshalb, weil das Netz erweitert werden sollte.

Die DT-Baureihen

Die Waggonfabrik Uerdingen, Siemens-Schuckert und die AEG entwickelten zusammen eine neue Triebwagenbaureihe, den DT1. 1958/59 wurden 50 Doppeltriebwagen ausgeliefert (siehe S. 156). Sie waren durch ihre Bauweise aus Stahl sehr schwer, weshalb schon 1962 der DT2 in Dienst genommen wurde. Diese Baureihe wurde in Nirosta-Stahlbauweise nach dem Prinzip der Karosseriefirma Budd hergestellt und war

Die Strecke vorbei an den St.-Pauli-Landungsbrücken mit ihrem markanten Pegelturm im Hamburger Hafen gilt als die Paradestrecke der Hamburger Hochbahn. Bild: URSfoto/Pixelio.de

Unterbaureihe DT4.5 als U3 unterwegs in Richtung Saarlandstraße. Die Schienen werden mit Wasser besprüht, um ein Quietschen in der Kurve zu verhindern. Bild: Bernd Sterzl/Pixelio.de

deutlich leichter als der DT1. Der Nachfolgetyp DT3 entsprach dem DT2 in großem Maße, unterschied sich aber dadurch, dass alle Achsen angetrieben waren (siehe Bild links). Diese beiden Baureihen prägten lange Jahre das Bild der Hamburger Hochbahn. Doch der Zahn der Zeit nagt unerbittlich auch an den besten Zügen. 1995 wurden die DT3 einer umfassenden Modernisierung unterzogen. Das Ergebnis war der DT3-E, wobei das angehängte „E" für „Ertüchtigung" steht.

Mehr Komfort, bessere Technik

LHB und ABB – die heute nicht mehr selbstständig sind, sondern zu Alstom bzw. Bombardier gehören – entwickelten bis 1988 für die Hamburger Hochbahn luftgefederte Triebzüge mit Drehstromantrieb, die sich durch breite Einstiege und modernes Design auszeichneten. Insgesamt 126 Doppeltriebwagen wurden zwischen 1988 und 2005 gebaut. Sie waren deutlich länger konstruiert als die Vorläuferbaureihen und die Fahrgastkapazität war um 44 auf 320 Plätze gestiegen. Für die U3 und die U4 wurden DT5 beschafft, die ab 2012 eingesetzt werden. In den 2020er-Jahren soll eine weitere Baureihe in den Bestand aufgenommen werden, der DT6, der auch für teilautomatisiertes Fahren taugen soll.

Von den Chinesen gekauft

Vossloh baute auch Metro-Züge

63

Die Vossloh AG im sauerländischen Werdohl gehört zu den Global Playern auf dem Segment der Bahninfrastruktur. Schienenbefestigungssysteme, Betonschwellen oder Weichensysteme sind die Schlüsselkompetenz des Unternehmens. Jeder Eisenbahnfreund kennt die Spannklemme, die die Schiene an der Schwelle festhält. 2005 kaufte Vossloh das ehemalige MACOSA-Werk in Valencia von Alstom. So kam es, dass es auch von Vossloh eine Metro-Baureihe gibt. Die Stadt, in der sich die Neuerwerbung befindet, brauchte nämlich neue Fahrzeuge für ihre Metro. Vossloh lieferte. Doch bereits 2016 wurde das Werk an Stadler Rail abgegeben. Das Unternehmen hatte auch die ehemalige MaK in Kiel gekauft und 2019 wieder veräußert, und zwar an die chinesische Firma China Railway Rolling Stock Corporation (CRRC) in Peking. Von der Serie 4300 für die Metro von Valencia wurden zwischen 2006 und 2011 genau 42 vierteilige und 20 fünfteilige Einheiten produziert.

Die Metro Valencia in Spanien hat sich Züge von Vossloh gekauft. Und praktisch: Die Serie 4300 der Metro de Valencia wurde in dem spanischen Werk in Valencia gebaut. Bild: Vossloh

Nur noch Geschichte

Untergegangene Hersteller

Wenn man die vorangehenden Seiten gelesen hat, ist man auf einige Firmen gestoßen, die eine große Vergangenheit im Bereich des Eisenbahnbaus hatten, von denen heute allerdings nur noch die Erinnerung lebt. An dieser Stelle sollen einige dieser Unternehmen noch einmal in einem kurzen Porträt wieder aufleben. Dadurch wird einmal mehr deutlich, wie bunt und vielseitig die Welt der Schienenfahrzeuge in Deutschland war.

AEG – Das 1883 in Berlin gegründete Unternehmen war zusammen mit Siemens & Halske ein Pionier in der Elektrifizierung der Eisenbahn. 1903 stellte ein Drehstrom-Triebwagen des Unternehmens einen Geschwindigkeitsweltrekord auf. 1931 wurde der Lokomotivbau von Borsig übernommen und nach Hennigsdorf verlegt. 1995 ging der Bereich an ABB, das heute zu Bombardier gehört.

Düsseldorfer Eisenbahnbedarf AG, vorm. Carl Weyer & Cie. – 1882 gegründet, wurde sie 1927 von Van der Zypen & Charlier gekauft und in die Westwaggon eingegliedert. Die Produktion wurde später aus Düsseldorf abgezogen – ausgerechnet nach Köln und Mainz.

Waggonfabrik Fuchs – Die in Heidelberg ansässige Firma baute seit 1862 Schienenfahrzeuge. 1957 wurde die Firma an International Harvester verkauft, das die Produktion auf Mähdrescher umstellte.

Orenstein & Koppel (O&K) – Die Berliner Firma war seit 1876 auf dem Eisenbahnsektor von Bedeutung. Vor allem bei Feldbahnen und Rangier-Dieselloks hatte O&K einen guten Ruf. Später wurden auch Baumaschinen gefertigt. Der Lokstandort ging nach 1945 in den VEB Lokomotivbau Karl Marx Babelsberg (LKM) über. Im Westen wurde der Lokbau 1981 eingestellt.

Waggon- und Maschinenbau AG Görlitz (WUMAG) – Bereits 1849 wurde der erste Eisenbahnwagen gebaut. Auch für die U-Bahn stellte die Firma Wagen her. 1946 wurde der Betrieb enteignet und zum VEB Waggonbau Görlitz. 1995 kam die Fusion zur Deutsche Waggonbau AG, die heute Teil von Bombardier ist.

Van der Zypen & Charlier – wurde bereits 1845 gegründet, um Eisenbahnwaggons zu bauen. Die ersten Wagen der Schwebebahn im Wuppertal oder die Prototypen der Berliner U-Bahn stammten von der Kölner Firma. 1927 firmierte das Unternehmen nach der Übernahme zweier Konkurrenten als Vereinigte Westdeutsche Waggonfabriken AG (Westwaggon), 1959 übernahm Klöckner-Humboldt-Deutz die Firma.

Erste Pläne schon 1844

Die frühen U-Bahn-Träume für Wien

65

1844 war in Irland vor den Toren Dublins zwischen Kingstown und Dalkey eine ungewöhnliche Eisenbahn eröffnet worden. Die Fahrzeuge wurden mit Luftdruck angetrieben. Dafür war zwischen den Schienen eine Röhre eingebaut worden, mit der der Wagen fest verbunden war. Diese Technik der atmosphärischen Eisenbahn wurde von dem englischen Ingenieur George Medhurst um 1810 erstmals erwogen, von Samuel Clegg und der Firma Samuda 1838/39 erstmals demonstriert. Der Brockhaus beschreibt die Funktionsweise so: *„Eisenbahn, deren Wagen sich dadurch vorwärtsbewegt, daß ein mit ihm starr verbundener Kolben in einem zwischen den Schienen befindlichen Rohrstrang durch Luftdruck fortgeschoben wird. Wird ein Wagen selbst als Kolben in einem Rohr durch Luftdruck vorwärts bewegt, so heißt die Bahn pneumatische Eisenbahn.“* (Brockhaus Handbuch des Wissens Band 1, Leipzig 1926).

Nie realisierte Pläne in Wien

Wäre das nicht etwas für Wien? So dachte der Ingenieur Heinrich Sichrowsky und er hatte konkrete Vorstellungen. Seine Strecke sollte vom Lobkowitzplatz hinter der Albertina durch einen Tunnel unter der Stadtbefestigung und dem Glacis zur Wien und dort Richtung Schönbrunn weiter bis Hütteldorf führen. Durch ortsfeste Pumpen an den Streckenenden sollte die Luft vor dem Kolben abgesaugt oder hinter ihm in die Rohrleitung gepresst werden. Der unterschiedliche Luftdruck trieb den Zug dann an. Ein Antrag auf Konzession wurde 1844 eingereicht, aber potenziellen Kapitalgebern erschien dieses Projekt offenbar zu kühn und sie hielten ihre Geldbörsen geschlossen. Ähnlich erging es Julius Pollak fünf Jahre später mit einem ähnlichen Plan.

29 Schnellbahnprojekte wurden bis 1880 eingereicht. Keines setzte sich durch. Auch die Größten scheiterten. So hatte Carl Ritter von Ghega, der Erbauer der Semmeringbahn, 1845 ein Gürtelbahn-Projekt entlang des Linienwalls präsentiert. 1881 wurde endlich das dreißigste Projekt genehmigt. Doch der Brite Fogerty scheiterte an der Umsetzung. So kam es, dass der Staat und die Stadt Wien selbst eine Stadtbahn bauten (siehe S. 30).

Heinrich Sichrowsky hatte um 1844 große Pläne für den Wiener Nahverkehr, scheiterte aber am fehlenden Geld. Bild: Bildarchiv Austria

Heinrich Pichrovsky

U-Bahnen für Briefe

Die Geschichte der Rohrpost

66

George Medhurst, den wir auf der vorigen Doppelseite kennengelernt haben, hatte nicht nur theoretische Überlegungen zur atmosphärischen Eisenbahn angestellt, sondern auch die Pneumatik als Transportmöglichkeit von Post und Gütern reflektiert („A new method of conveying letters and goods with great certainty and rapidity by air", 1810). Bereits 1799 soll der Dampfmaschinenpionier und Erfinder William Murdoch den pneumatischen Transport erfunden und damit experimentiert haben. Wie in dem Brockhaus-Artikel auf S. 124 beschrieben, sollte das Transportgut in einen Zylinder gesteckt werden können und mit Luftdruck durch eine Röhre gepresst werden.

Die erste Rohrpost für die Börse

Von der Theorie zur alltagstauglichen Praxis dauerte es dann noch über vierzig Jahre. 1853 baute Josiah Latimer Clark in London die erste Rohrpost der Welt. Dabei handelte es sich um eine Anlage, in der Informationen zwischen der Börse und dem Telegrafenamt ausgetauscht werden konnten. Weil an der Börse schnelle Infos und Handelsgeschäfte gewinn-

bringend sein konnten, folgten auch andere Städte diesem Beispiel, etwa Berlin oder Paris. Doch die Entfernung der beiden Endpunkte war in London nicht groß, nur rund 200 Meter. Clark beabsichtigte, mit diesem Konzept mehr Geld zu verdienen und gründete die London Pneumatic Despatch Company. Mit ihr realisierte er eine Anlage, in der sogar Güter bis drei Tonnen von Euston Station zum Hauptpostamt und nach Holborn verfrachtet werden konnten. Diese Einrichtung in London wurde

Ein Mitarbeiter steckt 1956 in Wien eine Sendung in die Rohrpostpatrone. Bild: VGA

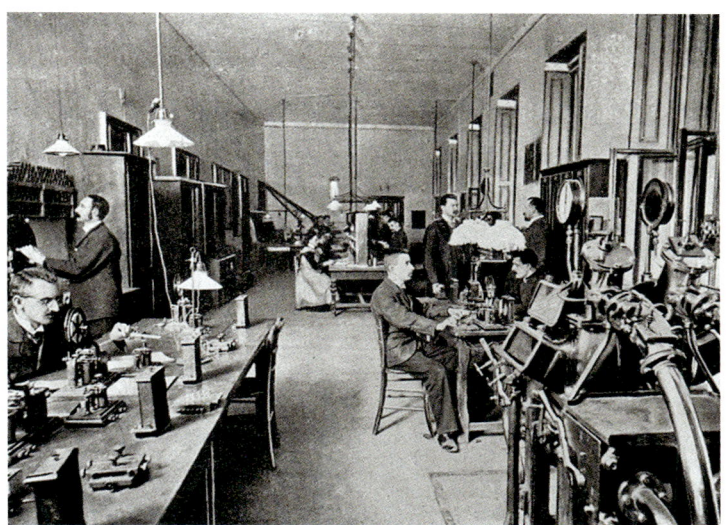

Rohrpost-Abteilung in der k.k. Central-Telegraphenstation am Börseplatz 1 in Wien. Rechts im Vordergrund erkennt man die Anlage, wo die Patronen eingelegt wurden. Bild: ÖNB

1861 eröffnet, war aber nur bis 1874 in Betrieb. In den folgenden Jahren wurden in vielen Städten Rohrpostsysteme aufgebaut. So in Liverpool (1864), Manchester (1864), Birmingham (1865), Berlin (1865), Paris (1866), Dublin (1871), Wien (1875), Prag (1887) oder Philadelphia (1893). Die Rohrpost verband die verschiedenen Postämter der Stadt. Auf diese Weise konnten Expressbriefe in einer Patrone durch die Rohrleitung gepresst werden und wurden dann am Zielort möglichst schnell an den Adressaten gebracht. Dieser Service war natürlich deutlich teurer als der herkömmliche Brief.

Moderne Rohrpostsysteme

Während die Rohrpostbriefe durch die Konkurrenz von Telegrafie oder Telefon in den 1950ern ihrem Ende entgegensehen mussten, hat sich die pneumatische Rohrpost für private Zwecke noch heute erhalten. Vielfach gibt es solche Systeme in größeren Firmen. Eine weitere Anwendung ist der Nachttresor von Banken, wo die Zylinder an der Filiale eingeworfen werden und dann gleich in einen Tresor weitergeleitet werden. Krankenhäuser haben Rohrpostanlagen eingerichtet, um beispielsweise Blut- oder Gewebeproben sofort ins Labor schicken zu können.

Ein Amerikaner experimentiert

Broadway Beach Pneumatic Transit

67

Das Bekleidungshaus Rogers Peet Building in der Warren Street, Ecke Broadway, barg ein Geheimnis. Es besaß zwei Kelleretagen und in der unteren befand sich seit Februar 1870 – eine U-Bahn! Und das kam so: Der Verlegersohn Alfred Ely Beach und Herausgeber der legendären populärwissenschaftlichen Zeitschrift „Scientific American" ärgerte sich bereits in den 1860er-Jahren über das tägliche Verkehrschaos am Broadway. Er hatte natürlich mitbekommen, dass man in London eine Untergrundbahn gebaut hatte. Das war für ihn die richtige Medizin gegen den Verkehrsinfarkt. Er hatte jedoch auch von den atmosphärischen Eisenbahnen gelesen und von den Rohrpostsystemen in Europa. Das brachte ihn auf die Idee, eine U-Bahn zu bauen, die wie eine gigantische Rohrpostpatrone durch eine Tunnelröhre gedrückt wird. Alles sollte geheim bleiben. Deshalb erwarb er eine Konzession für ein Rohrpostsystem in New York. Sein Ziel war es aber, zwei Dinge zu demonstrieren: Einmal wollte er zeigen, dass es möglich sei, einen Tunnel zu graben, ohne

Blick aus dem Tunnel zu der Station der pneumatischen U-Bahn von Beach. Eine Fahrt mit der Bahn war bei den New Yorkern sehr begehrt. Bild: Sammlung Michael Dörflinger

Blick in den Tunnel des Broadway Beach Pneumatic Transit. Die pneumatische U-Bahn von Alfred Beach war nur zu Demonstrationszwecken gebaut worden. Bild: Library of Congress

den Verkehr an der Oberfläche beeinträchtigen zu müssen. Dazu grub er seinen Tunnel im Schildvortriebverfahren. Außerdem wollte er beweisen, dass eine U-Bahn mit pneumatischem Antrieb möglich war.

Der 95 m lange Tunnel zwischen Warren Street unterhalb des Rogers Peet Building bis Murray Street besaß nur eine Station, bei der auch die Anlage zur Produktion der Druckluft aufgebaut war. Die Station wurde sehr ansprechend ausgestaltet, um den wartenden Fahrgästen die Zeit angenehm zu verkürzen. Der Broadway Beach Pneumatic Transit wurde wirklich erst bekannt, als er fertig war und Beach einen Artikel lancierte, der das Projekt beschrieb. In den ersten zwei Wochen waren bereits 11.000 zahlende Passagiere gezählt worden. Nach einem Jahr waren es über 400.000. Beach wollte die Bahn erweitern und als echte U-Bahn nutzbar machen, scheiterte aber an den Politikern. 1873 wurde die Bahn deshalb eingestellt. Als BMT 1912 die Broadway Line baute, wurde ein Teil des Tunnels integriert.

Lange Jahre im Dienst

Die Post-U-Bahn in Bayerns Hauptstadt

68

Von der Güter-U-Bahn in Chicago war auf S. 40 bereits die Rede. Die Illinois Tunnel Company hatte 1906 eine Schmalspur-Untergrundbahn eröffnet, die die Innenstadt von Chicago mit Transportleistungen versorgte. Auf eine ähnliche Idee war man auch in München gekommen. Um 1900 war die Eisenbahn das wichtigste Transportmedium für Post in andere Orte. Viele Leser haben sicher von Postwagen der Eisenbahn gehört, in denen Postbeamte die gesammelten Sendungen in Empfang nahmen und während der Fahrt gleich sortierten. Bei jedem Halt wurde die an diesem Ort zu verteilende Post aus dem Zug herausgegeben und zu den Postboten weitertransportiert. Eines der wichtigsten Zentren für postalische Sendungen war und ist München. Weil hier besonders große Mengen anfielen, kam man auf die Idee, zwischen dem Hauptbahnhof und dem Bahnpostamt in der Hopfenstraße eine Untergrundbahn zu errichten, mit der sich die Beförderung der Postsäcke aus den Zügen zu dem Verteilzentrum erleichtern ließ.

Der Bau der Post-U-Bahn

1910 konnte eine Tunnelbahn mit Spurweite 450 mm in Betrieb gehen, die in einem 350 m langen Betontunnel verlief. Die drei Fahrzeuge stammten von der Münchner Lokomotivbaufirma Krauss, der elektrische Teil wurde von Siemens-Schuckert gekauft. Den Dreiphasenwechselstrom bezogen die 3 PS starken Schmalspurloks aus zwei Oberleitungen und der Stromschiene. Im Bild rechts erkennt man die beiden Stromabnehmer. Die kleinen Loks konnten bis zu 10 km/h schnell fahren – und das ohne Fahrzeugführer. Am Haken hatten die kleinen Gefährte bis zu vier Wagen, die von rund hundert Angestellten oder Beamten der Post am Hauptbahnhof mit den im Zug sortierten Postbeuteln befüllt wurden und auf den Weg zum Zentralbriefamt geschickt wurden. Jeder Wagen konnte 120 kg laden. Bis zu zehn Fuhren in der Stunde konnte die Bahn leisten. Damit waren theoretisch pro Tag über 115.000 kg an Ladung möglich.

Im Zweiten Weltkrieg wurde auch die Post-U-Bahn beschädigt und konnte erst 1948 wieder in Betrieb genommen werden. Nur wenig später wurde die Bahn in der Hopfenstraße 50 m verlängert und erreichte die Briefabfertigung. Damit war sie nun 400 m lang. 1966, wegen des Baus der U-Bahn wurde der Tunnel verlegt. In dieser Zeit wurde auch die Strecke

Durchgang
verboten

Eine Lok der ehemaligen Münchner Post-U-Bahn steht heute im Museum für Kommunikation in Nürnberg. Das Fahrzeug stammt von 1910. Bild: Cherubino/CC BY-SA 4.0

modernisiert und es wurden vier neue Loks angeschafft, die diesmal von der Schweizer Firma Brown, Boveri & Cie. stammten. 1988 wurde schließlich der U-Bahn-Betrieb eingestellt.

Andere Betriebe folgen Münchner Vorbild

Im Jahr 1928 wurde in London ebenfalls eine solche Anlage eröffnet, die Post Office Railway. Ihre Energie bezog diese Bahn aus einer Stromschiene. Die Strecke dieser Post-U-Bahn war mit über zehn Kilometern allerdings deutlich länger. Aufgabe der ebenfalls fahrerlos arbeitenden Bahn war der Transport von Postalien in die verschiedenen Postsortierstationen. Diese U-Bahn war sogar bis 2003 in Betrieb.

Nach dem Vorbild Münchens wurden in den Städten Zürich und Luzern weitere Post-U-Bahnen eingerichtet. Sie hatten in etwa die Ausmaße der Bayern. Doch auch hier ist der Betrieb längst eingestellt worden.

Passagiere, die verschwinden

Ein Geisterzug sorgt für Aufregung

69

Der schwedische Rundfunksprecher Alvar Janson erzählte 1981 von der Stockholmer U-Bahn Tunnelbana eine merkwürdige Geschichte. Sie ging folgendermaßen: *„Eine Menge Leute in Stockholm glauben, daß es einen U-Bahn-Zug gibt, in den man auf keinen Fall einsteigen darf, denn dann kommt man nicht mehr heraus, jedenfalls nicht so leicht. Es ist einer der neuen Züge aus silbergrauem Metall, und er fährt auf der Linie 18, aber nur zur Hauptverkehrszeit. Leute, die eingestiegen sind, verschwanden oder wurden viel später in ganz anderen Stationen gefunden, als wo sie hinfahren wollten.*

Manche Leute haben solche Angst, an diesen »Fliegenden Holländer«, wie der Zug genannt wird, zu geraten, daß sie lieber den nächsten Zug abwarten, als in einen der Silberzüge zu steigen. Bei den Verkehrsbetrieben ist man über das Gerücht beunruhigt, da es dazu geführt hat, daß manche Züge leer fahren müssen, obwohl Hauptverkehrszeit herrscht.“ (in: Bengt af Klintberg: Der Elefant auf dem VW und andere moderne Sagen und Großstadtmythen. München, 1992, S. 115).

Und wie das so ist bei Legenden, gibt es natürlich auch ganz andere Versionen. So wird behauptet, dass man den Zug nicht etwa zur Hauptverkehrszeit sehen kann, sondern nur nach Mitternacht, wenn er mit Höchstgeschwindigkeit durch die verlassenen U-Bahn-Stationen rast. Andere glaubten zu wissen, dass den Geisterzug nur U-Bahn-Arbeiter sehen können – und zwar in verlassenen Tunneln. Nicht gerade glaubhaft. Denn, wie man von anderen Beobachtern weiß, hat der silbergraue Zug des öfteren gehalten, um Passagiere aufzunehmen. Doch von diesen Unglückswürmern soll man nie wieder etwas gehört haben – oder sie wurden erst Wochen oder gar Monate später an irgendeiner anderen Station wieder aufgefunden und konnten sich an nichts mehr erinnern.

Aber war da nicht noch die geheimnisvolle Station Kymlinge der Stockholmer Tunnelbana? Sie liegt auf der 1975 eröffneten Linie 11 der blauen Linie und wurde Anfang der 1970er-Jahre zwar gebaut, ging aber nie in Betrieb, weil an der Oberfläche das dort geplante Stadtviertel nie gebaut wurde, um die Grünfläche zu bewahren. Stoff für neue Spekulationen: „Nur die Toten steigen in Kymlinge aus“, hieß es. Beförderte der geheinisvolle Zug, der wegen seiner silbernen Farbe nur „Silverpilen“, also „Silberpfeil“, genannt wurde, die Geister in ihr Geisterviertel? Suchte er sich Passagiere für

„Silverpilen" war der einzige silberfarbene Zug in der ansonsten grün lackierten U-Bahn-Flotte Stockholms. Um ihn rankten sich wilde Gerüchte. Bild: Maad Dogg 97

seine Totenstadt aus? Ein Frösteln befiel viele Schweden bei dem Gedanken daran, selbst in die Fänge der Unterwelt zu geraten. Immerhin erinnerten sich ja Zeugen, die die Geister-U-Bahn gesehen hatten, dass die Passagiere im Zug offenbar lebende Tote waren, die mit ausdruckslosen, leeren Gesichtern durch die Scheiben starrten.

Gruselstories und graue Realität

Man kann es fast nicht glauben, aber kaum einer traute sich, in einen einfahrenden Zug zu steigen, der nicht wie damals üblich, grün lackiert war. Es gab diesen „Silverpilen" wirklich. Das war eine U-Bahn-Garnitur der Baureihe C5, die nicht lackiert worden war, weil sie nur zu Testzwecken auf die Gleise geschickt wurde. Er fuhr deshalb des öfteren ohne Halt durch die Stationen. Für viele Stockholmer war das natürlich ebenso seltsam wie die ungewohnte Farbe, denn alle anderen Züge waren ja grün. So kam es, dass sich immer neue Gruselgeschichten um diesen Zug rankten. Der „Silverpilen" wurde bis 1996 meist als Ersatzfahrzeug eingesetzt, in der Regel dann aber auf der grünen oder roten Linie, nicht so sehr auf der blauen, die durch die Station Kymlinge führt. Die Wahrheit liest sich eher langweilig, wie schön, dass es diese Legenden noch gibt.

Männer unerwünscht

Wagen nur für Frauen reserviert

70

Das Phänomen ist nicht neu. Bereits im 19. Jahrhundert, als die Eisenbahn noch in den Kinderschuhen steckte, gab es im Schienenverkehr Wagen, in denen ausschließlich Frauen reisen durften. Das war schicklich und die Damen waren vor Anzüglichkeiten (man verzeihe die ferroviale Doppeldeutigkeit) aus der Herrenwelt sicher. Diese Abteile verschwanden in vielen Ländern erst in der Zeit nach dem Ersten Weltkrieg. Ob die Männer in dieser Zeit gesitteter waren, bleibe mal dahingestellt. Not und andere gesellschaftliche Rahmenbedingungen sorgten dafür, dass in Europa separate Damenbereiche außer Mode kamen. Lediglich in Großbritannien wurde bis 1977 an solchen „Women only"-Wagen festgehalten.

Kampf gegen Wüstlinge

In Japan, davon war bereits die Rede (siehe S. 74), war das Phänomen der Frotteure zum echten Problem geworden. Solche Männer reiben sich an Frauen, um sich dadurch geschlechtliche Befriedigung zu verschaffen. Besonders im Berufsverkehr konnten sie dieser seltsamen Leidenschaft oft problemlos frönen. Die Regierung versuchte, mit empfindlichen Strafen dagegen vorzugehen. Gleichzeitig besannen sich Feministinnen darauf, dass es doch da einmal etwas gegeben hatte ... So kam es bei der U-Bahn von Tokio zur Einführung spezieller Wagen, die zu den Stoßzeiten (den Begriff hier zu verwenden, war zu verführerisch) ausschließlich Frauen vorbehalten waren. Praktischerweise waren sie an den Enden der Metro-Züge eingereiht, sodass auch ein schnelles Verlassen der Station möglich war. Andere Betriebe folgten dem guten Beispiel.

Weil sich auch in anderen asiatischen Ländern derartige Reibungen ereignen, begannen mehrere U-Bahn- und Eisenbahn-Betriebe, ebenfalls solche Frauenwagen einzuführen. Man findet sie zum Beispiel in Busan, Manila oder Taipei. Bekannt für ihre Frauenabteile ist auch die U-Bahn von Rio de Janeiro. Dort gibt es diese Einrichtung seit 2006. In Mexiko-Stadt gibt es außerdem noch Frauenbusse und eigene Frauentaxis.

Wer nun glaubt, in Deutschland würde es nur Frauenparkplätze und -fitnessstudios geben, der irrt. 2016 führte nämlich die Mitteldeutsche Regiobahn (MRB) in ihren Zügen zwischen Leipzig und Chemnitz zwei spezielle Frauenabteile ein. Sie liegen nicht weit von dem Dienstabteil des Kunden-

Einer der ausschließlich für Frauen reservierten Wagen der Teheraner U-Bahn. Für solche Wagen gibt es unterschiedliche Gründe. Bild: خسرو ترح گندراك /CC BY-SA 4.0

betreuers entfernt. Die Absicht, die dahinter steckte, war, den Frauen ein größeres Gefühl der Sicherheit zu vermitteln. Bestimmt ist es aber auch für Mütter angenehmer, in einem derartigen Abteil zu stillen.

Aus religiösen Gründen

Während im Westen und fernen Osten der Schutz vor sexueller Belästigung der Grund für spezielle Frauenbereiche in U-Bahnen und Zügen ist, findet man diese besonderen Wagen in islamisch geprägten Ländern schon seit der Eröffnung der verschiedenen U-Bahnen. Allerdings verhält es sich damit nicht so, dass die Geschlechter in der U-Bahn vollständig voneinander getrennt sind. Frauen können auch in die anderen Wagen steigen. In Teheran findet frau in den beiden ersten und dem hintersten Wagen der Züge eigens für die Damen eingerichtete Bereiche. In Dubai sind die Endwagen unterteilt in einen Frauenbereich und die 1. Klasse.

In Belgien hatte die Islam-Partei im Wahlkampf 2018 gefordert, im ÖPNV Männer und Frauen getrennt voneinander zu transportieren. Das wurde sogar zu einer juristischen Streitfrage, bei der Verfassungsrechtler sich dahingehend äußerten, dass der Vorschlag gegen die Verfassung und die Europäische Menschenrechtskonvention verstoße.

Die U-Bahn im Film

Todesfahrten, Warriors und Konsorten

71

Auch wenn die U-Bahn in einem Film nicht zu sehen ist, kann sie für prickelnde Effekte sorgen. Den Beweis liefert Marilyn Monroe in Billy Wilders Komödie „Das verflixte 7. Jahr" („The Seven Year Itch") von 1955, in dem die Monroe über einen Abluftschacht der New Yorker U-Bahn geht und ihr Kleid nach oben gewirbelt wird. Sie nutzt den Effekt, um sich dadurch lustvoll Kühlung in der Sommerhitze zu verschaffen – und dem Filmpartner den Schweiß auf die Stirn zu treiben.

Nach dem Wunsch des Regisseurs sollte die männliche Hauptrolle eigentlich Walter Matthau bekommen, doch der wurde vom Filmstudio abgelehnt. Aber auch Matthau sollte seinen U-Bahn-Film bekommen: „Stoppt die Todesfahrt der U-Bahn 1-2-3" („The Taking of Pelham One Two

Die New Yorker U-Bahn ist schon sehr oft in Spielfilmen zu sehen gewesen. Besonders bei Actionfilmen oder Krimis spielt sie ihren Part. Bild: Marc A. Hermann / MTA New York City Transit

Die Warriors – das war eine New Yorker Gang, die sich in der Nacht vom Norden der Stadt bis nach Coney Island durchschlagen musste. Bild: Sammlung Michael Dörflinger

Three"). Als Sicherheitchef der New Yorker U-Bahn muss er die Entführung eines Subway-Zuges aufklären und das Leben der Passagiere retten. Interessant sind in diesem Film die verschiedenen technischen Einrichtungen wie die Stromschiene oder die Totmanneinrichtung, die für die Handlung eine wichtige Rolle spielen. Das Remake von 2009 mit Denzel Washington und John Travolta kommt an das Original nicht heran.

Eine wichtige Rolle spielt die U-Bahn auch in dem Krimi „Brennpunkt Brooklyn" („The French Connection"). Die dafür nachgebaute Kommandozentrale der New Yorker U-Bahn wurde im Matthau-Film noch einmal verwendet. Der Film mit Gene Hackman zeigt viele Hochbahnabschnitte, die natürlich Spannung garantieren.

Wer die Atmosphäre New Yorks in den späten 1970er-Jahren nacherleben will, in dem die U-Bahn eine wesentliche Rolle spielt, der wird mit „Die Warriors" („The Warriors") bestens bedient. Eine Straßengang aus Coney Island wird beschuldigt, einen bedeutenden Bandenchef getötet zu haben. Durch ganz New York müssen sich die Warriors in ihren Stadtteil durchschlagen, immer verfolgt von anderen Gangs, die sich an ihnen rächen wollen. Zum Glück fährt die New Yorker U-Bahn die ganze Nacht ohne Betriebspause und es kommt zum Showdown am Strand von Coney.

Die Métro als Subway

Legendärer Auftritt von Isabelle Adjani

72

1985 kam ein Film in die Kinos, in dem zwei der besten und berühmtesten französischen Schauspieler die Hauptrollen besetzten. Isabelle Adjani spielte die reiche Héléna, Christopher Lambert den punkigen Kleinkriminellen Fred. Mit Michel Galabru, den man als Chef von Louis des Funès im „Gendarm von Saint-Tropez" kennt, und Richard Bohringer waren bewährte Stars mit an Bord und in einer kleinen Rolle tauchte der damals noch völlig unbekannte Jean Reno auf – als Schlagzeuger in Freds Band. Doch der eigentliche Star dieses Streifens war die Pariser Métro.

Eintauchen in eine andere Welt

Regisseur Luc Besson, der übrigens im Film einen Cameo-Auftritt als Fahrzeugführer eines Zugs der Linie B der RER hat, wollte unbedingt in der Métro drehen, weil er die besondere Atmosphäre dort sehr schätzte. So wurde sein Film eine Hommage an die Pariser Untergrundbahn und die vielen Bahnsteige, Gänge und Treppen. Der Film heißt auch im Original „Subway", nicht etwa „Métro", was allerdings nicht nur ein Zugeständnis an den englischsprachigen Weltmarkt war, sondern auch ein Hinweis darauf, dass die gezeigte Welt eine fast schon mythologische „Unterwelt" wie-

dergibt. Die auftretenden Gestalten in diesem Film sind Außenseiter und Lebenskünstler, die sich in den Bezirken der Métro ihre eigene Lebenswelt geschaffen haben. In die dringen die Polizisten ein, der griesgrämige Kommissar Gesberg mit seinen dümmlichen Assistenten Batman und Robin.

Der Film beginnt mit einer wilden Verfolgungsjagd, einer Anspielung auf „French Connection" mit

Glamourös mit Punkstyling: Isabelle Adjani spielt wie so oft die Geheimnisvolle.
Bild: Sammlung Michael Dörflinger

Christopher Lambert ist von dieser Art Rendezvous mit Isabelle Adjani alles andere als entzückt. Immerhin schnappte er ihr den César weg. Bild: Alatele fr/Flickr

Gene Hackman. Fred hat wichtige Unterlagen geklaut, aber er hat sich mit einem mächtigen Mann angelegt. Ihm auf den Fersen bleibt allerdings Héléna, die Frau des reichen Geschäftsmanns Kerman, den Fred bestohlen hat. Sie versucht, ihm mit dem Revolver in der Hand die Dokumente zu entreißen. Doch die beiden verlieben sich und erleben eine faszinierende Nacht in der U-Bahn. Héléna verlässt ihren Mann, aber sie kann nicht verhindern, dass seine Häscher Fred erschießen. Immerhin gesteht sie dem Sterbenden mit einem Kuss ihre Liebe.

Bei den Dreharbeiten musste sich das Team strikt an die Zeitvorgaben der RATP halten. Die Dreharbeiten fanden vor allem in den Stationen Auber der RER und Opéra der Métro statt. Andere Stationen, die zum Teil RER-Bahnhöfe sind, waren: Charles de Gaulle – Étoile, Châtelet – Les Halles, La Défense, Nation, Porte de Versailles, Concorde, La Motte-Picquet – Grenelle oder Dupleix. Im Film kann man allerdings nur ein einziges Stationsschild lesen: Porte de Versailles.

Luc Besson bietet eine faszinierende Mischung aus Punk und farbigem Traum einer anderen Realität. Für den César, das französische Äquivalent zum Oscar, war der Film in neun Kategorien nominiert, drei Auszeichnungen bekam er. Darunter auch für Alexandre Trauner als bester Szenenbildner. Doch eigentlich war das ja ein César für die Métro, die die Szenerie für diesen spannenden Film lieferte.

Ein moderner Klassiker

Kind vom Land will Métro fahren

73

1960 drehte Louis Malle mit Philippe Noiret den Film „Zazie" („Zazie dans le métro"). Es war die Verfilmung des nur ein Jahr zuvor erschienenen gleichnamigen Romans von Raymond Queneau, eines Autors, der aus dem Surrealismus kam. In diesem Roman geht es um das pubertierende Mädchen Zazie aus der Provinz, die ihren Onkel Gabriel und Tante Marceline in Paris besucht. Ihr größter Wunsch ist es, einmal mit der Métro fahren zu dürfen. Doch leider wird daraus erst mal nichts: Die Mitarbeiter der Pariser Untergrundbahn befinden sich im Streik. Die Enttäuschung ist groß, aber es gibt ja die vielen Bekannten des Onkels, zum Teil schräge Vögel. Queneau benutzt dieses Ambiente, um seine vielen köstlichen Wortspiele anzubringen. Doch für Zazie ist das alles nicht lange interessant. So büxt sie aus, um Paris auf eigene Faust zu entdecken. Die Handlung wird immer bizarrer. Und stets ist die vorlaute Zazie mittendrin. Man merkt dem Roman immer mehr die Herkunft seines Verfassers aus dem Surrealismus an. Schließlich entpuppt sich ihr Onkel sogar als Travestiekünstler in einer Schwulenbar, seine Tante ist offenbar ein Kerl namens Marcel.

Und die Métro? Das ist für Zazie wirklich eine tragische Geschichte. Der Streik ist vorbei und Tante Marceline nimmt sie in der Métro mit zum Bahnhof. Doch Zazie verschläft die Fahrt und somit ihren größten Wunsch. Ihre Mutter holt sie am Bahnhof ab. Auf die Frage, wie es in Paris war, antwortet sie nur: „Ich bin älter geworden."

Raymond Queneau
Zazie
dans le métro

Cover des bei Folio erschienenen Romans.
Bild: Sammlung Michael Dörflinger

Der Schriftsteller Raymond Queneau hat es geschafft: Nach ihm ist eine Métro-Station benannt. Sie liegt im Nordosten von Paris an der Linie 5. Die Station wurde 1985 eröffnet. Ihr Name ist auch eine Ehrung des Schriftstellers als Métro-Autor. Bild: Chabe01/CC BY-SA 4.0

Punk, Wave und Psychedelic

Die U-Bahn in der Musik

74

Nicht nur im Film und in der Literatur ist die Untergrundbahn ein beliebtes Thema. Auch Musiker griffen es gerne auf. Ein frühes Beispiel für ein U-Bahn-Stück ist „Take the A train" von Billy Strayhorn, von 1939. Der A Train ist die Linie A (Eighth Avenue Express) der New Yorker U-Bahn, Jazzlegende Duke Ellington verwendete das Stück als Erkennungsmelodie seines Orchesters.

Die Band Velvet Underground scheint ihren Namen auf die Londoner U-Bahn zu beziehen. Immerhin sieht man auf dem vierten Studioalbum ja auch eine Treppe, die aussieht wie der Zugang zu einer Untergrundbahn.

Lou Reed und seine Gruppe Velvet Underground brachten das Album „Loaded" mit der Abbildung eines U-Bahn-Abgangs heraus. Es stammt aus dem Jahr 1970.
Bild: Sammlung Michael Dörflinger

Doch eigentlich ließ sich die Band von der Undergroundszene inspirieren, zu der sie sich zählte. Noch dazu war es der Titel eines Buches über Sadomasochisten. Mit ihrer psychedelischen Musik wurden sie zum Idol vieler berühmter Musiker.

1979 brachte die britische Punkband The Cure ihr erstes Album heraus. Einer der Titel auf diesem Album heißt „Subway Song" In ihm geht es um die Angst einer Frau, die um Mitternacht aus der U-Bahn steigt und von irgendjemandem verfolgt wird. Im gleichen Jahr spielte die kanadische Band Martha and the Muffins ihr Debütalbum „Metro Music" ein.

Die U-Bahn symbolisierte die Großstadt mit all ihren Schwächen und Stärken. Sie versinnbildlicht das Gefühl von Bedrohung und Einsamkeit in einer Welt voller Fremder. Vor allem die nächtliche U-Bahn faszinierte Musiker der Zeit von Punk und New Wave. 1983 – wieder war es ein Debütalbum – veröffentlichte die amerikanische New-Wave-Band Berlin einen Song mit dem Titel „The Metro". In diesem Lied erinnert sich eine Einsame an ihre Zeit in Paris und London, wo sie mit der U-Bahn gefahren ist und glücklich war. „The Metro" war die zweite Singleauskopplung des Albums „Pleasure Victim". Drei Jahre später stand die Band mit ihrem Titel „Take my Breath away" aus dem Top-Gun-Soundtrack auf dem Höhepunkt ihrer Karriere – mit dem Oscar für das beste Filmlied.

1984 veröffentlichte die New-Wave-Band Soft Cell die Single „Down in the Subway", das die Absicht eines Verzweifelten thematisiert, der sich vor die U-Bahn werfen will.

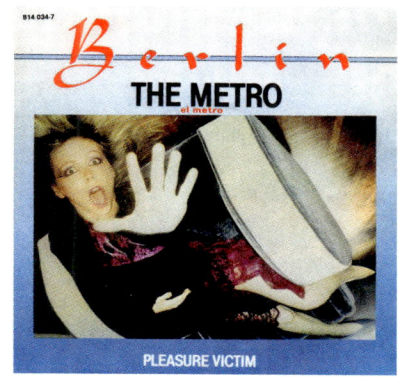

Die amerikanische New-Wave-Band Berlin feierte mit ihrer Single „Metro" 1983 einen ihrer ersten Erfolge.
Bild: Sammlung Michael Dörflinger

Wer kennt nicht Falco, den charmant-arroganten Austro-Rapper, der leider viel zu früh verstorben ist? Auch er schaffte seinen Durchbruch mit einem Lied, in dem die U-Bahn eine Rolle spielt. Darin heißt es:

„Währenddessen ich noch rauch'.
Die Special Places sind ihr wohlbekannt.
Ich mein', sie fährt ja U-Bahn auch.
Dort singen's:
„Drah' di net um, oh oh oh.
Schau, schau, der Kommissar geht um, oh oh oh.
Er wird di anschauen
Und du waast warum.
Die Lebenslust bringt dich um".

Die U-Bahn als Umschlagplatz für Drogen und Aufenthaltsort von Außenseitern der Gesellschaft. Der Song ist übrigens in Anlehnung an

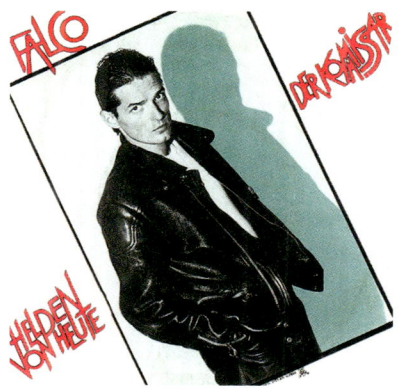

Falco gelang mit „Der Kommissar" 1981 der internationale Durchbruch.
Bild: Sammlung Michael Dörflinger

den Polizeimajor Kottan entstanden, dem Protagonisten einer österreichischen Kultserie, in der Falco als Bandmitglied einen kurzen Auftritt hatte.

Die U-Bahn wird immer wieder in Liedern thematisiert. Man denke nur an „Die letzte U-Bahn geht später" von Element Of Crime von 2005. Über ein Dutzend Bands haben sich einfach nur Subway getauft.

Galerie im Untergrund

Kunst hilft gegen Beklemmung

75

Die paar Lieder im vorigen Kapitel haben haben das thematisiert, was viele Passagiere in den Anlagen der Untergrundbahnen fühlten. Unsicherheit, Beklemmung, Angst. Oft herrschte eine düstere Atmosphäre in trübem Licht. Die Betreiber haben sich natürlich Gedanken darüber gemacht und auf Abhilfe gesonnen. Wie immer, wenn sich Menschen schlecht fühlen oder Sorgen haben, kann die Kunst helfen.

Vasen, Gemälde oder Architektur

An vielen Orten merkt man das Engagement, mit dem sich die Hausherren bemühen, ihre Gänge heller und ihre Bahnsteighallen freundlicher zu gestalten. So sind etwa in Athen Ausgrabungsobjekte zu sehen, auch in Rom werden in Vitrinen Vasen und andere archäologische Funde gezeigt. In vielen Städten sind Bilder an den Wänden, historische oder moderne. Manchmal kommen solche Bilder auch von anderer Seite. So

Kunst in der Unterführung von Hamburgs U-Bahn-Haltestelle Hagenbecks Tierpark. Es handelt sich um Vergrößerungen von Tierhäuten oder Federn. Bild: Bernd Sterzl/Pixelio.de

144

In der Metro-Station des Bahnhofs Atocha der U-Bahn von Madrid ist dieses Gemälde reproduziert. Sie ist eine von mehreren „Kunststationen" der Stadt. Bild: Metro de Madrid

wurde Keith Haring dadurch bekannt, dass er in der New Yorker U-Bahn mit Kreide leere Reklametafeln bemalte. Seine kriechenden Babys, bellenden Hunde oder tanzenden Strichmännchen belebten seit 1980 die damals wirklich düsteren Subway-Wände.

Passend zum Thema

Es gibt verschiedene Themenstationen. Auf S. 84 ist beispielsweise die Frankfurter Station Westend zu sehen, wo florale Motive auf den nicht weit entfernen Palmengarten hinweisen. Oder die beleuchteten Schwarz-Weiß-Bilder von Häuten und Fellmustern, die auf Hagenbecks Tierpark verweisen, den man über diese U-Bahn-Station erreicht. Die Metro von Madrid hat verschiedene Kunststationen. In der Station Goya kann man Gemälde des spanischen Malers bestaunen und gleich etwas über diesen großen Künstler erfahren.

Sehr gern werden die Wände auch mit abstrakten Farbflächen geschmückt, die zusammen mit einem durchdachten Lichtkonzept für ein angenehmes Klima sorgen. In der Münchner Station St.-Quirin-Platz sieht das dann so aus, als würde man durch ein großes Fensterdach ins Freie schauen können.

Stockholms Tunnelbana

Eine der größten Kunstgalerien der Welt

76

Zu einem echten Kunstwerk hat sich die Stockholmer U-Bahn entwickelt. Bereits 1955 erhoben sich maßgebliche Stimmen, die – ein bisschen nach dem Vorbild der Moskauer Metro – die U-Bahn der schwedischen Hauptstadt verschönern wollten. Ein Jahr später wurde ein Wettbewerb ins Leben gerufen, die Teilnehmer sollten Ausgestaltungsvorschläge für U-Bahn-Stationen machen. Zwölf Künstler durften sich freuen und die neue Station T-Centralen (Hauptbahnhof) ausstatten. 1957/58 war die Arbeit beendet. Stockholm hatte eine ganz spezielle Galerie mit zehn Kunstwerken. Das Ergebnis kam so gut an, dass man sich dazu entschloss, weitere Stationen zu schmücken.

Ein einzigartiges Kunstvergnügen

Seitdem wurden regelmäßig weitere Stationen mit fantasievollen Dekors versehen. Manchmal meint man, in der Halle des Bergkönigs zu stehen, dann ist die Station wieder ganz in Rot gehalten. Seit den 1970er-Jahren wurden die in den Fels geschlagenen Stationen nicht mehr verkleidet, ihr Höhlencharakter wurde oft mit schönen Bemalungen unterstrichen. Man findet Skulpturen, Vitrinen, die Station Stadion sieht aus wie ein Himmel, in dem sich ein bunter Regenbogen wölbt, an den Wänden hängen Bilder und künstlerische Installationen. 2015 schließlich wurde das erste Klangkunstwerk vorgestellt.

Über 94 Stationen sind inzwischen zu Kunstwerken geworden. Bei Streckenneubauten sind auserwählte Künstler von Beginn an in die Planungen einbezogen. In sieben Stationen werden die Exponate etwa zehnmal im Jahr ausgetauscht. So gibt es immer etwas Neues in der längsten Kunstgalerie der Welt.

Dieses Diorama zeigt die Gegensätzlichkeit der schwedischen Architektur.
Bild: Silvia Koerner (flori)/Pixelio.de

Die einst grün lackierten U-Bahnen der Stockholmer Tunnelbana sind seit den 1990ern in Blau-Schwarz gehalten. Hier fährt ein Exemplar der Baureihe C20 am Schloss vorbei. Bild: Bombardier

In der Station Hallonbergen ist dieses Beispiel naiver Skulpturenkunst zu sehen. Freundlich und ungefährlich – genau so wie die Tunnelbana auf ihre Kunden wirken will. Bild: Caesar/CC BY-SA 3.0

Berühmtes Fotomotiv

Die Oberbaumbrücke in Berlin

77

Seit dem Fall der Berliner Mauer und einer grundlegenden Sanierung kann die 1895 gebaute Oberbaumbrücke ab 1995 wieder befahren werden. Züge der U-Bahn-Linien U1 und U3 überqueren hier die Spree und verbinden die Stadtteile Kreuzberg und Friedrichshain. Die Oberbaumbrücke gehört zu den beliebtesten Fotomotiven der deutschen Hauptstadt. Die im neugotischen Stil gebaute Brücke wurde von Siemens & Halske im Zuge der Arbeiten an der U-Bahn errichtet. Hinter der Steinfassade verbirgt sich ein modernes Stahlskelett. Wer genau hinschaut, erkennt an der Spitze der beiden Türme einen Adler und einen Bären. Das sind die Wappentiere von Preußen und Berlin. Der unverkleidete Mittelteil wurde von Architekt Santiago Calatrava mit einer Bogenkonstruktion geplant.

Oben bietet sich eine ungewöhnliche Perspektive, unten dagegen die klassische Aufnahme der Berliner Oberbaumbrücke. Bilder: wal_172619 (oben) // Makrodepecher/Pixelio.de (unten)

Bei dieser Aufnahme des Karlsplatzes kann man die tiefgelegte Stadtbahn und den überdachten Abgang im Hintergrund des Stationsgebäudes ganz gut erkennen. Bild: ÖNB

Die beiden Stadtbahnstationen flankieren im Jahr 1939 den Blick auf die eindrucksvolle Karlskirche von 1737, die diesem Platz den Namen gegeben hat. Bild: Ledermann/ÖNB

Ein echter Touristenmagnet

Der Karlsplatz in Wien

78

Kaiser Karl VI. (1685–1740) hatte angesichts einer Pestepidemie 1713 ein Gelübde abgelegt, eine Kirche erbauen zu lassen, wenn Gott den Wienern beistehen würde. Karl hielt Wort und die barocke Karlskirche wurde unter der Leitung von Johann Bernhard Fischer von Erlach 1716 bis 1737 erbaut. Bis 1899 wurde der Wienfluss an dieser Stelle überbaut und es entstand der Karlsplatz. Kurz vorher war auch die Station der Stadtbahn gebaut worden, die beiden Pavillons, über die man zu den Bahnsteigen kommt, gehörten zu den eindrucksvollsten Werken von Otto Wagner, dem genialen Schöpfer der Wiener Stadtbahn. Zum Glück haben die Wiener in den 1970er-Jahren verhindert, dass die beiden Jugendstiljuwele zerstört wurden.

Die Station Karlsplatz der U-Bahn ist heute einer der wichtigsten Umsteigepunkte Wiens. Der Platz ist ein perfekter Ausgangspunkt zur Besichtigung der Stadt. Die Ringstraße, die Secession, Schloss Belvedere, der Naschmarkt und die Oper sind nicht weit entfernt. Zur Kärnter Straße, die zum Stephansdom führt, hat man nicht weit.

Glanzvolle Architektur des Secessionsstils: einer der beiden Otto-Wagner-Pavillons, die als Hommage an den Erbauer der Stadtbahn so getauft wurden. Bild: clearlens/Fotolia.de

Die Kapelle im Untergrund
Wiener Museum in der U-Bahn

Es war eine Sensation! 1973 wurde bei den Bauarbeiten für die U-Bahn unter dem Stephansplatz in zwölf Metern Tiefe ein gotisches Gemäuer entdeckt. Es lag genau über der ehemaligen Friedhofskapelle des Gottesackers neben dem Dom. Man legte den Raum frei und erkannte, dass man einen bedeutenden Fund gemacht hatte. Vermutlich handelte es sich um die Andachtskapelle einer reichen Wiener Familie. Da ein Altar dem Heiligen Virgil geweiht war, erhielt sie ihren heutigen Namen.

Das Bauwerk aus der Zeit um 1230 war offenbar nur von oben über Leitern erreichbar. Heute hat man es einfacher, denn nach umfassenden Restaurierungsmaßnahmen kann die Ende 2015 wieder eröffnete Virgilkapelle direkt über einen Eingang auf Ebene der U-Bahn-Passage begangen werden. Sie gehört zum Wien Museum, das in einem Nebenraum eine kompakte Dauerausstellung zum mittelalterlichen Wien eingerichtet hat. Zur Eröffnung hat der bedeutende Komponist Arvo Pärt eine „kleine Litanei" komponiert. Damit hat die Wiener U-Bahn ihre eigene Kapelle.

Unten der Eingang und links die Hauptnische der Virgilkapelle. Bilder: Kollektiv Fischka/Kramar mit Sabine Wolf/ © Wien Museum (links) // Kollektiv Fischka/Kramar mit Eszter Korodi/ © Wien Museum (unten)

Der Hauch der Geschichte

Im Budapester Metro-Museum

80

Mit der Eröffnung der ersten Untergrundbahn auf dem europäischen Festland hatte Budapest 1896 Geschichte geschrieben. Geschichte muss bewahrt werden, sonst werden die Ereignisse vergessen. Diese so banal erscheinende Erkenntnis ist heute wichtiger denn je. 1975 entstand in einem abgetrennten Tunnelstück am Deák Ferenc tér ein Museum für die Budapester U-Bahn. Die kleine aber feine Gedenkstätte zeigt originale Gegenstände aus der Zeit, als Ungarn noch bei Österreich war. Prunkstücke sind sicher die Fahrzeuge der Kaiserzeit, der Triebwagen Nr. 19, ein Steuerwagen und der Triebwagen Nr. 1.

In drei Vitrinen erhält der Besucher Informationen über die Planung und Umsetzung der Milleniums-U-Bahn, den Tunnelbau und die Fahrzeuge von Siemens & Halske; schließlich präsentiert das Museum Wissenswertes über die Weiterentwicklung der U-Bahn. Das Museum liegt nicht weit von der ersten U-Bahn-Linie entfernt und deren Endstation am Elisabethplatz.

Blick in einen Wagen von Siemens & Halske aus der ersten Zeit der Budapester U-Bahn. Das Fahrzeug steht heute im Metro-Museum. Bild: Christo/CC BY-SA 4.0

Vergessene Tube

Entdeckungsreisen in der Londoner U-Bahn

Die älteste U-Bahn der Welt könnte aus ihrer langen Geschichte viel erzählen. Tradition birgt immer auch Vergessenes, Veraltetes oder nicht mehr Verwendetes. Das London Transport Museum ist laut eigener Aussage das weltweit führende Museum für ÖPNV. Es ist in einem großen Gebäude am Covent Garden untergebracht und hat ein Depot, das man ebenfalls besichtigen kann. Der Besucher bekommt vom roten Doppeldeckerbus bis zur einzigen erhalten gebliebenen Dampflok der ersten U-Bahn der Welt eine Fülle an Exponaten gezeigt, die man nicht nur dem Fan des öffentlichen Personenverkehrs ans Herz legen kann, sondern auch allgemein an der Stadt London und an Geschichte Interessierten.

Ein ganz besonderes Erlebnis sind die vom Museum angebotenen Führungen in das „Hidden London". So erlaubt eine Führung den Blick hinter die Kulissen in der berühmten Station Piccadilly Station. Nach ihrem Umbau 1928 wurden Bereiche nicht mehr verwendet. Man kann hinter verschlosseneTüren schauen und den faszinierenden Erzählungen der Führer lauschen.

Die versteckten Stationen	
1	Aldwych
2	Charing Cross
3	Clapham South
4	Down Streetn
5	Euston
6	Highgate
7	Moorgate
8	Piccadilly Circus

Andere Rundgänge widmen sich einem besonders spannenden Thema: aufgegebene U-Bahn-Stationen. So wird es möglich, die Station Aldwych zu besichtigen (siehe S. 17), die im Zweiten Weltkrieg als Bunker diente. Oder man kann Down Street besuchen, Churchills geheime Station, wo der Mann mit der Zigarre sich vor den deutschen Bombern in Sicherheit gebracht hatte. Cineasten werden in Charing Cross einen Schauplatz aus dem James-Bond-Film „Skyfall" wiederentdecken. Bei der Besichtigung der Station Moorgate zeigt sich als echter Höhepunkt eine orginale Tunnelbohrmaschine, die hier 1904 abgestellt und lange Zeit vergessen worden war. In Zeiten von Corona wird vieles virtuell. So hat auch das London Transport Museum sein Angebot erweitert. Für einen kleinen Obolus kann man sich direkt im Internet eine virtuelle Tour durch die beiden Stationen Brompton Road und King William Street anschauen. Hier die Adresse: https://www.ltmuseum.co.uk/whats-on/hidden-london/virtual-tours.

Wie in alten Zeiten ...

Museumszüge im Einsatz

82

Noch einmal das Fahrgefühl der Vergangenheit erleben, sich in eine verflossene Zeit hineinversetzen – Museumseisenbahnen sind in aller Welt beliebt und belebt. Doch auch eine Fahrt mit alten S- oder U-Bahnen lässt sich erleben – wenn auch pandemiebedingt nicht mehr so einfach und unbeschwert wie noch ein paar Monate zuvor. Hier sollen drei Gelegenheiten vorgestellt werden. Sie sind recht einfach zu erreichen, denn es geht um die Berliner S-Bahn, die Hamburger Hochbahn und die Wuppertaler Schwebebahn.

In der Bundeshauptstadt bewahrt der Verein Historische S-Bahn das reiche Erbe der ältesten deutschen S-Bahn, deren erster Streckenabschnitt, die Ringlinie, bereits 1871 entstanden war. Der Verein besitzt 29 Fahrzeuge, von denen das älteste aus dem Jahr 1925 stammt, das jüngste von 1979. Außerdem pflegt der Verein noch zehn Fremdfahrzeuge. Highlight ist die Panorama-S-Bahn, die 1996 aus zwei Triebwagen der Baureihe 488 und einem Beiwagen Baureihe 888 umgebaut wurde. Der Verein arbeitet eng mit der S-Bahn Berlin GmbH zusammen. In der Regel werden bei den Tagen der offenen Tür Schnupperfahrten auf dem Betriebsgelände angeboten. Corona machte den Berlinern einen Strich durch die Rechnung.

Hochbahn-Feeling Anno 1912

Der älteste noch betriebsfähige U-Bahn-Wagen Deutschlands ist in Hamburg zu Hause. Wagen 11 trat am 28. Februar 1912 in Dienst. Das grün lackierte Fahrzeug ist in zwei Wagenklassen unterteilt: 2. und 3. Klasse, was man an dem roten Farbband für die 3. und dem gelben für die 2. Klasse erkennt. Er gehört zur Baureihe A1 (später T1), der ersten, die auf der Hamburger Hochbahn eingesetzt wurden. Der rechts abgebildete Wagen 220 wurde 1920 in Dienst gestellt. Wie man am gelben Band sieht, führte er nur die 2. Klasse. Beide Triebwagen waren bis 1969 im Regelbetrieb.

Die Hamburger Hochbahn bietet (jetzt wegen Covid-19 leider erst einmal nicht) Nostalgiefahrten mit diesen beiden zusammengekuppelten Triebwagen auf der eindrucksvollen Linie U3 an, die oberirdisch an sehr vielen Sehenswürdigkeiten der Hansestadt vorbei fährt. Zur Einstimmung

Triebwagen Nr. 220 der Hamburger Hochbahn wurde 1920 von Falkenried gebaut. Das Fahrzeug des Typs T6 präsentiert sich im Zustand um 1930. Bild: Niederkasseler/CC BY-SA 3.0

kann man bei Kaffee und Kuchen den Film „Hamburg hat's eilig" anschau-
en, einen Werbefilm für die Hochbahn aus dem Jahr 1928. Während der
rund eine Stunde dauernden Fahrt haben die Passagiere genügend Zeit, sich
in die vielen interessanten Details der historischen Wagen mit ihrer zeitge-
nössischen Ausstattung – Wagen 11 ist im Zustand von 1916, Wagen 220
im Zustand von 1930 restauriert – eingehend zu studieren.

Die Schwebebahn in Wuppertal besitzt noch eine der ersten Bahngarnituren aus dem Jahr 1900 (siehe S. 43). Der Kaiserwagen Nr. 5 kann, wenn
die Pandemie irgendwann überwunden ist, bei einer Nostalgiefahrt zu verschiedenen Tageszeiten genutzt werden.

Gelegenheit macht Kunden

U-Bahn und Kommerz

83

Vorbei sind in vielen Städten die Zeiten, wo der Eingang in die U-Bahn das Eintauchen in diffuses Licht, abgestandene Luft und verschmutzte Bahnsteige bedeutete. In Zeiten von Parkplatznot und einer Rekordzahl an Pendlern, die mit dem ÖPNV zur Arbeit fahren, werden die Areale rund um Hauptbahnhöfe oder U-Bahn-Stationen immer ineressanter als Ort von Geschäften und Dienstleistungen. Nach der Arbeit schnell noch etwas besorgen, denn wenn man am Heimatort ankommt, sind die Läden zu. Ein Frühstück oder einen Kaffee schnell noch holen, bevor man ins Büro geht, oder auch nur mal schnell zum Friseur. Die modernen Zugänge zum Schienenverkehr sind Einkaufs- und Dienstleistungspassagen geworden, die mit ihrem Angebot es sogar schaffen, Kunden dazu zu bringen, dass sie den Bereich der U-Bahn, S-Bahn oder der Eisenbahn gar nicht mehr verlassen.

Shopping ohne weite Wege. Das ist in einer Zeit, die keine Zeit hat, Magie. Für das Erlebnis Einkaufen sind die Passagen lichtdurchflutet, knallig bunt und praktisch. Gläserne Aufzüge und Rolltreppen sorgen dafür, dass der Kunde mühelos durch den Kommerz-

Am (immer noch) neuen Berliner Hauptbahnhof trifft die Eisenbahn auf vier S-Bahn-Linien und die neue U-Bahn-Linie U55, die einmal über den Alexanderplatz mit der U5 verbunden werden soll. Die Planungen gehen vom Sommer 2021 aus. Die zentrale Lage ist natürlich für Geschäftsleute hochinteressant.
Bild: Windrose/Pixelio.de

Ansichtskarten, Zeitschriften und Taschenbücher sind natürlich die klassischen Einkäufe. Doch die Art der Geschäfte hat sich gewandelt. Bild: Bernd Sterzl/Pixelio.de

tempel gleiten kann. Wir haben auf S. 58/59 gesehen, was für ein gigantisches Einkaufs- und Erlebniszentrum über der Pariser Station Châtelet – Les Halles aufgebaut worden ist. Der Berliner Hauptbahnhof bietet rund 80 Geschäften, Dienstleistern und Gaststätten ein Zuhause. Immer dabei sind inzwischen Handyläden, Boutiquen oder Supermärkte. Anderswo gibt es auch Kinos, Cafés oder Arztpraxen.

Schöne neue Einkaufswelt?

Für die Geschäftsleute in den Innenstädten ist das natürlich keine Entwicklung, die begeistern kann. Noch dazu, wo die Bedrohung durch den Onlinehandel stärker wird. Immer mehr Geschäfte in Randlagen werden wahrscheinlich zumachen. Doch auch die großen Bahn-Einkaufscenter sind nicht unbedingt das Ei des Kolumbus. Solche immer öfter als „Malls" bezeichneten Ensembles leben von ihrer Vielfalt und davon, dass jede Verkaufsfläche vermietet ist. In Krisenzeiten, wenn einigen die Miete zu hoch wird, kann sich die Entwicklung auch umkehren und die Kaufwilligen irren schließlich durch Gänge, in denen sie nichts als zugeklebte Scheiben sehen.

Londons große Baustelle

42 Kilometer Tunnel neu gegraben

84

Während man in China eine U-Bahn nach der anderen aus dem Boden stampft, dauert das in Europa mit den vielen Regeln, Vorgaben und möglicherweise Demos und Prozessen deutlich länger. So sind ambitionierte Projekte nicht mehr überall zu finden. Eines der größten ist besonders interessant, denn wenn Crossrail abgeschlossen ist, soll eine S-Bahn-ähnliche Linie von 118 km Länge Reading westlich von London mit Shenfield im Osten verbinden. Die Bahn wird auch unter der Erde fahren, nämlich volle 42 km. Außerdem gibt es einen Streckenast zum Flughafen Heathrow. Voraussichtlich 2022 soll die in Teilen bereits eröffnete Linie komplett durchfahren können. Dabei wird sie 34 Stationen besitzen, darunter zehn unterirdische Stationen mit Umsteigemöglichkeiten zur Eisenbahn oder der Underground.

Das Mammutprojekt im Bau

2009 begannen acht Tunnelbohrmaschinen der deutschen Firma Herrenknecht mit ihrer Arbeit. Es ist nicht leicht, sich in einer solchen Stadt durch die Erde zu fressen. Die Kanalisation, die Underground-Strecken, Stromkabel oder Gasleitungen sind unangenehme Störer. Doch es gelang, den Tunnel nicht nur zu graben, sondern auch schon die Tunnelwände in etwas über drei Jahren fertigzustellen. Bei den Grabungen sind sieben Millionen Tonnen Erde und Gestein ausgehoben worden. Die elektrische Ausstattung und die Bahnanlagen werden von Siemens erledigt. Umfangreiche Schallschutzmaßnahmen wurden unternommen, um Protesten von Anwohnern bereits im Vorfeld den Wind aus den Segeln zu nehmen. In den Stationen sind die Schienen auf Federn gelegt, um Geräusche möglichst zu reduzieren. Was deutsche Projektmanager interessieren dürfte: Sowohl der Zeitplan als auch die Kosten von umgerechnet 17 Milliarden Euro werden exakt eingehalten.

In den Randlagen fährt die Crossrail oberirdisch. Erst westlich von Paddington und östlich von Whitechapel taucht der Zug dann in die Tiefe. Dieser neue Tunnel wird durch neu angelegte Stationen mit der Oberwelt verbunden: Paddington, Bond Street, Tottenham Court Road, Farringdon, Liverpool Street und Whitechapel. Einfache Haltepunkte ohne Umsteigemöglichkeiten zu anderen U-Bahnen oder der Eisenbahn wird es nicht geben. Es ist schon beschlossene Sache, dass die Linie nach ihrer Fertigstel-

Die Baustelle bei Moorgate. Schweres Gerät ist nötig, um ein solches Großprojekt zu stemmen. Crossrail ist ein schönes Beispiel für das Gelingen. Bild: stevekeiretsu/Flickr

lung nach der Queen als „Elizabeth Line" in den Netzplänen auftauchen wird. Das Rollmaterial wird aus Neufahrzeugen der Class 345 bestehen. Dabei handelt es sich um 70 von Bombardier produzierte neunteilige Triebwagenzüge mit einer Länge von 205 Metern. Bombardier baut die Züge im britischen Derby.

Und es soll weitergehen

Crossrail soll nicht nur die Fahrtdauer für viele Strecken deutlich reduzieren, sondern sie wird durch ihre eigene Tunnelröhre durch die Innenstadt die älteren Linien entlasten und einigen Passagieren sogar neue und schnellere Fahrtmöglichkeiten bieten. Schon vor der Kompletteröffnung sitzen die Verantwortlichen bereits an einer Crossrail II, die nördlich der Stadt London in der Grafschaft Hertfordshire beginnt, durch London verläuft und in der südenglischen Grafschaft Surrey endet. Sie wird mehrere Bahnhöfe der britischen Hauptstadt anbinden, bei Tottenham Court Road wird sie eine Umsteigemöglichkeit zur Crossrail bieten können.

Moderne U-Bahn-Fahrzeuge

Das Beispiel München

85

Die Zukunft des Metro-Verkehrs wird sich auf Fahrzeugseite vor allem in zwei Richtungen immer weiterentwickeln: Sicherheit und Komfort. 2001 wurde der erste U-Bahn-Zug der Baureihe C1 an die Münchner Verkehrsgesellschaft ausgeliefert. Anders als die Vorgängermodelle , die sich aus fest gekuppelten Doppeltriebwagen zusammensetzten, ist es bei diesen sechsteiligen Zügen möglich, von einem Ende zum anderen den kompletten Zug durchzugehen. Für die Passagiere bedeutete das, dass sie sich besser verteilen können und die Haltezeiten verkürzt werden. Die Züge wirken großzügiger und dank der Durchgehbarkeit hebt sich das Sicherheitsgefühl der Fahrgäste. Ein Phänomen übrigens, dass man schon bei den Straßenbahnen mit angehängtem Beiwagen beobachten konnte, die oft weniger gern bestiegen wurden. Ein weiteres der Sicherheit dienendes Merkmal ist die Möglichkeit für den Fahrzeugführer, den gesamten Zug per Video zu überwachen. Im Falle von gesundheitlichen

Die neue Unterbaureihe C2 – im Bild gegenüber sieht man die Vorgängerversion C1 – wird von Siemens produziert. 67 Exemplare sollen es werden. Bild:Siemens AG, München/Berlin

Die U6 in Fröttmaning, der Endstation an der Münchner Allianz-Arena, ist an Spieltagen völlig überlaufen – wenn Publikum ins Stadion darf. Bild: Marco Barnebeck(Telemarco)/Pixelio.de

Problemen eines Passagiers oder einer Straftat kann er schnell reagieren und Hilfe anfordern. Breite Türen und ein modernes Fahrgastinformationssystem sowie offenere Bestuhlung sorgen für Komfort.

Technik auf neuestem Stand

Der mechanische Teil wurde von Adtranz produziert, den elektrischen Teil hatte Siemens übernommen. Die C2 fertigte Siemens allein. Bei der Produktion wurden Werkstoffe verwendet, die zu über 97 Prozent recycelt werden können und gegen Vandalismus möglichst resistent sind. Mit der Computertechnik wird eine bessere Problemdiagnose möglich. Auch bei einer optimierten Fahrzeugtechnik spielt sie eine wichtige Rolle, etwa bei der Energierückspeisung beim Bremsen. Das Design der C-Baureihen stammt von Alexander Neumeister, der als Designer des ICE weltweit bekannt wurde. Mit seiner C2-Baureihe gewann er mehrere Preise.

Science Fiction?

Oder ist der Hyperloop bald schon Alltag?

86

Elon Musk (siehe S. 166) hatte 2013 mit einer Idee aufhorchen lassen, die nicht erst seit Bernhard Kellermanns Roman „Der Tunnel" zu den großen Träumen der Menschheit gehört. Er regte ein Verkehrsmittel an, das ähnlich wie eine Rohrpost (siehe S. 126 bis 128) in einer Röhre laufen sollte und dabei mit Geschwindigkeiten von bis zu 1.200 km/h sogar die Reisezeiten von Flugzeugen übertreffen würde. Die Theorie des Hyperloop war geboren.

Die Pod Competitions

Die Entwicklung eines solchen Verkehrsmittels sollte in einem gemeinschaftlichen Prozess vieler interessierter Kräfte erfolgen, vergleichbar vielleicht mit Linux oder Wikipedia. Zur Förderung der technischen Entwicklung rief er 2015 die SpaceX Hyperloop Pod Competition ins Leben. Bei diesem Wettbewerb konnten sich Forschergruppen mit ihren Fahrzeugen präsentieren, die auf den theoretischen Grundlagen Musks entwickelt worden waren. An diesen Competitions – inzwischen wurden

Mit dem WARR-Hyperloop Pod One gewann die Arbeitsgruppe der TU München 2017 die Hyperloop Pod Competition der Firma SpaceX. Bild: Hyperloop

Noch sind die Fahrzeuge nur als unbemannte Modelle im Test. Die Geschwindigkeiten sind aber in den letzten paar Jahren enorm gestiegen. Bild: Hyperloop

vier abgehalten – nahm auch die Wissenschaftliche Arbeitsgemeinschaft für Raketentechnik und Raumfahrt (WARR) der Technischen Universität München teil. Sehr erfolgreich, denn jedesmal schaffte die deutsche Entwicklergruppe mit ihrem Modell die höchste Geschwindigkeit. Zuletzt waren es 482 km/h. Das ist enorm, doch von den anvisierten 1.200 km/h noch weit entfernt. Kritiker von Musk bezweifeln, dass ein solcher Betrieb wirtschaftlich überhaupt machbar ist.

Die Technik, die Strecken

Anders als vielleicht von Musk gedacht, gehen die Forschungen für den Antrieb nicht mehr in Richtung Pneumatik, sondern orientieren sich an elektromagnetischen Konzepten, die schon bei der Magnetschwebebahn realisiert worden waren. Vieles ist da aber noch geheim.

Inzwischen ist eine Firma namens Hyperloop One aufgetreten, die mehrere Streckenvorschläge für die ganze Welt erwogen hat. Darunter war auch eine Art Deutschlandkreis, eine Ringstrecke mit Stationen in mehreren Großstädten, darunter Berlin, Leipzig, München, Frankfurt und Köln. Es wurden jedoch zehn Strecken in den USA, Kanada, Mexiko, Großbritannien und Indien ausgewählt, die irgendwann gebaut werden sollen. Damit stößt das Konzept der U-Bahn in ganz neue Dimensionen vor.

Gar nicht langweilig

Elon Musks Boring Company

87

Elon Musk ist die schillernde Figur der modernen Verkehrstechnik. Der frühere PayPal-Miteigner war als einer der Dotcom-Unternehmer zum Millionär geworden und hatte sich 2002 mit der Gründung des privaten Raumfahrtunternehmens SpaceX, das schön langsam der NASA den Rang abläuft, weltweite Bekanntheit erworben. Irgendwann soll SpaceX an der Besiedelung des Mars beteiligt sein. Mit seiner 2004 gegründeten Firma für Elektroautos lehrt er längst dem einen oder anderen deutschen Autobauer das Fürchten.

Viele Projekte angekündigt

Von seinem Hyperloop-Konzept war auf S. 164 bereits die Rede. Ein anderes Projekt ist seine 2016 gegründete Boring Company, mit der er den Untergrund erobern will. Es geht darum, das Bohren von Tunneln billiger zu machen und damit eine Vielzahl von Projekten zu realisieren. Das kann unter anderem auch für den Hyperloop passen, wenn der in die Innenstädte fahren soll, das kann für eine Verwendung mit Elektroautos sein, wenn die Fahrzeuge mit einem Aufzug in die Tiefe gefahren werden

und dann ohne Stau in Höchstgeschwindigkeit an ein Ziel gelangen. Musk hat auch für viele Orte geplant, eine Art Shuttleservice einzurichten, mit Elektrofahrzeugen für mehrere Passagiere.

Im Juli 2017 verkündete Musk, er habe eine mündliche Zusage der US-Regierung erhalten, eine unterirdische Hyperloop-Strecke zwischen den Ostküstenstädten New York, Philadelphia, Baltimore und Washington zu bauen. Das ganze Jahr hindurch gab es ähnliche Ankündigungen für neue Tunnel-

Elon Musk: Der Visionär des Verkehrs im Gespräch mit Studenten. Bild: Hyperloop

Die Tunnelbohrmaschine der Boring Company trägt witzigerweise den Namen „Godot". Anders als im Theaterstück von Beckett ist sie schon da. Bild: David Keith/The Boring Company

pläne. Im Dezember 2018 wurde ein Testtunnel eröffnet, der unter der Stadt Hawthorne verläuft, in der Musks Firmen SpaceX und Boring Company ihren Sitz haben. Beide Unternehmen will er in einem zukünftigen Projekt miteinander verzahnt arbeiten lassen. Es geht um Pläne zur Besiedelung des Planeten Mars. Mit seinen Tunnelbohrmaschinen sollen unterirdische Einrichtungen in den roten Planeten gegraben werden, die für einen ständigen Aufenthalt von wesentlicher Bedeutung sein sollen.

Eine neue U-Bahn-Linie für Chicago?

Von besonderem Interesse ist für die Boring Company natürlich auch der U-Bahn-Bau. Einer der ersten Interessenten für ein derartiges System war die Stadt Chicago. Anscheinend wurde mit der Boring Company der Vertrag über den Bau eines U-Bahn-Shuttles von Chicago zum internationalen Flughafen O'Hare geschlossen. Zumindest gab es ein Übereinkommen. Eine 27 km lange Strecke sollte bis zu 16 Flugreisende mit bis zu 240 km/h aus der Innenstadt zum Terminal befördern. Chicagos damaliger Bürgermeister Rahm Emanuel trat allerdings 2019 nicht mehr zur Wahl an und von seiner Nachfolgerin Lightfoot hat man zu diesem U-Bahn-Projekt nichts mehr gehört.

Typisch deutsch

Was ist eine S-Bahn?

88

Anders als die U-Bahn, die in Deutschland nach der BOStrab betrieben wird, werden die S-Bahnen nach der EBO betrieben. Damit gibt es für Deutschland eine klare Trennung. Doch das ist eine rein deutsche Unterscheidung. Im Ausland sind die Kriterien andere. Deshalb wird eine S-Bahn am besten durch folgende Eigenschaften definiert: Einsatz als Schnellbahn, unabhängiges und vom Straßenverkehr getrenntes Netz, erhöhte Bahnsteige, kurze Haltezeiten, Taktfahrplan mit dichter Zugfolge, Erschließung des Innenbereichs einer oder mehrerer Regionen, Umsteigemöglichkeit zu anderen Verkehrsmitteln, auf die Aufgaben abgestimmte Fahrzeuge. Die Grenzen zu anderen Begriffen sind jedoch fließend. Als Vorortbahnen finden wir S-Bahn-ähnliche Netze auch in anderen Ländern. Bei vielen sind die Abgrenzungen zur U-Bahn etwas schwammig. Viele Metronetze in China sind außerhalb der Innenstädte eine Art S-Bahn. Mehr über S-Bahn-ähnliche Betriebe in anderen Ländern findet man auf S. 184.

In Deutschland gibt es derzeit 17 S-Bahn-Netze, vier weitere sollen folgen. In Erfurt hat es zwischen 1976 und 1993 eine S-Bahn gegeben. Doch das war eigentlich ein Zug auf einer Kleinbahnstrecke vom Hauptbahnhof in den Norden der Stadt, der nur zu den Hauptverkehrszeiten fuhr.

Die S-Bahn-Netze in Deutschland

	Stadt	Eröffnung	Linien	Länge
1	S-Bahn Berlin	1924	16	331 km
2	S-Bahn Hamburg	1934	6	144 km
3	S-Bahn Rhein-Ruhr	1967	11	475 km
4	S-Bahn München	1972	8	434 km
5	S-Bahn Mittelelbe	1974	1	130 km
6	S-Bahn Rostock	1974	3	91 km
7	S-Bahn Köln	1975	5	239 km
8	S-Bahn Rhein-Main	1978	9	303 km
9	S-Bahn Stuttgart	1978	7	215 km
10	S-Bahn Nürnberg	1987	4	247 km
11	S-Bahn Dresden	1992	3	128 km
12	Breisgau-S-Bahn	1997	8	190 km
13	Ortenau-S-Bahn	1998	4	170 km
14	S-Bahn Hannover	2000	10	385 km
15	S-Bahn RheinNeckar	2003	9	437 km
16	Regio-S-Bahn Bremen/ Niedersachsen	2010	4	270 km
17	S-Bahn Mitteldeutschland	2013	10	802 km
In Planung:				
18	Regio-S-Bahn Donau-Iller	k.A.	8	k.A.
19	S-Bahn Münsterland	k.A.	9	k.A.
20	S-Bahn Augsburg	k.A.	8	266 km
21	S-Bahn Saarland	k.A.	8	k.A.

Linie S2 der RheinNeckar-S-Bahn mit
einem Triebwagen der Baureihe 425
(s. S. 176) unterwegs nach Kaiserslautern.
Bild: Georg Marinschek/Pixelio.de

S-Bahn-Netze in Österreich

S-Bahn	Eröffnung	Linien
S-Bahn Wien	1959	10
S-Bahn Salzburg *	2004	5
S-Bahn Tirol	2007	6
S-Bahn Steiermark	2007	11
S-Bahn Kärnten	2010	4
S-Bahn Vorarlberg *	2011	3
S-Bahn Oberösterreich	2016	5

Mit Verbindungen nach Deutschland

S-Bahn-Netze in der Schweiz

	S-Bahn	Eröffnung	Linien
1	S-Bahn Bern	1974	13
2	S-Bahn Basel *	1997	8
3	S-Bahn St. Gallen	2001	10
4	S-Bahn Vaud	2004	8
5	S-Bahn Luzern	2004	9
6	S-Bahn Tessin	2004	4
7	Stadtbahn Zug	2004	2
8	S-Bahn Chur	2005	3
9	S-Bahn Zürich *	2005	26
10	S-Bahn Fribourg/Freiburg	2011	7
11	S-Bahn Valais/Wallis	2012	2
12	S-Bahn Schaffhausen *	2015	2
13	Léman Express	2018	5

* Mit Verbindungen nach Deutschland

Von Berlin in die Welt

Wo die S-Bahn geboren wurde

89

Die S-Bahn Berlin ist die älteste S-Bahn der Welt. Zwar wurde der Begriff „S-Bahn" erst 1930 geprägt, doch die Geschichte geht viel weiter zurück. Sie beginnt eigentlich mit der zwischen 1871 und 1877 errichteten Ringbahn (heute S41 im Uhrzeigersinn und S42 gegen den Uhrzeigersinn). Sie wurde außerhalb des damals bebauten Raumes verlegt. 1882 eröffnete die Stadtbahn, eine Durchmesserlinie durch Berlin von Ost nach West. Sie wurde als Hochbahn gebaut. Hinzu kamen noch einige Vorortstrecken.

Auf dem Weg zur S-Bahn

Nach dem Ersten Weltkrieg übernahm die Deutsche Reichsbahn den Betrieb dieser Strecken. Die spätere S-Bahn gehörte damit zur Staatsbahn. Das sollte bis heute so bleiben. In der „großen Elektrisierung" der 1920er-Jahre wurden diese Strecken auf 800 V Gleichspannung mit seitli-

Die Baureihe 481/482 wurde 1995 bestellt. Bis 2004 wurden aus Hennigsdorf und Halle 500 Viertelzüge geliefert. Bild: Michael Kauer

Siemens Mobility testet einen neuen S-Bahn-Zug der DB-Baureihe 483/484 für Berlin im Testcenter in Wegberg-Wildenrath. Bild: Siemens AG, München/Berlin

cher Stromschiene umgestellt. Ab 1928 beschaffte man 1.276 Fahrzeuge Typ „Stadtbahn", die den zukünftigen S-Bahn-Verkehr durchführen sollten. 1939 wurde auch eine Durchmesserlinie in Nord-Süd-Richtung gebaut. Nach 1945 war das Netz der S-Bahn von den Sektorengrenzen geteilt. Der Betrieb oblag weiter der DR, die im sowjetischen Sektor weitergeführt wurde, aber den Betrieb auch in den westlichen Zonen durchführte. Das brachte natürlich Spannungen mit sich.

Trennung und Wiedervereinigung

Infolge des Mauerbaus 1961 boykottierten nach einem Aufruf von Bürgermeister Willy Brandt viele West-Berliner die S-Bahn. Nach Streitigkeiten und Streiks gelang es aber, die Betriebsrechte der S-Bahn-Abschnitte im Westen zu übernehmen und der BVG zu übertragen. Neue Fahrzeuge wurden gekauft.

Nach der Wiedervereinigung wurden die beiden S-Bahnen zusammengeführt. Mit der Gründung der DB AG kam die West-S-Bahn in die Hand der DB. Als Tochtergesellschaft wurde 1995 die S-Bahn Berlin GmbH gegründet. Spar- und verfehlter Optimierungswahn sorgten in den 2000ern für eine „S-Bahn-Krise". Das Problem wurde erkannt und in den letzten Jahren wurde viel Geld in neue Strecken und die Modernisierung von Anlagen gesteckt.

Von Rostock ins Umland

Deutschlands kleinstes S-Bahn-Netz

90

Die S-Bahn Rostock ist mit rund 91 km die kleinste der deutschen S-Bahnen. Sie wurde bereits 1974 in der DDR eingerichtet. Lange Jahre fuhr die S-Bahn mit Dampflokomotiven, die Doppelstockwagen am Haken hatten. Erst 1985 wurde sie elektrifiziert und dann mit Elektroloks der Baureihe 243 betrieben. Heute hat die S-Bahn Rostock drei Linien. Die S1 verkehrt allerdings ausschließlich auf der Stammstrecke zwischen Rostock Hauptbahnhof und Warnemünde. Sie absolviert diese Strecke in 30 Minuten. Linie S2 fährt ebenfalls auf dieser Strecke, dann aber südwestlich weiter über Schwaan nach Güstrow. S3 fährt ebenfalls die gesamte Stammstrecke und dann südöstlich über Laage nach Güstrow. Früher gab es noch einen Streckenast nach Rostock Seehafen Nord, der allerdings offiziell lange nicht als S-Bahn galt. Ebenso gab es einen Werksverkehr nach Poppendorf. Seit 2014 werden die Linien ausschließlich mit Triebwagen des Typs Talent 2 bedient.

Ein Triebwagen der Baureihe 442, ein Bombardier Talent 2, hält hier auf der Linie S2 von Güstrow nach Warnemünde in Rostock-Marienehe. Bild: Med-HRO°CC BY-SA 4.0

91

Sie wurde nie realisiert

Die Rheinisch-Westfälische Schnellbahn

Bereits 1904 hatte es eine Studie zu einer schnellen Eisenbahnverbindung nach Düsseldorf gegeben, das Vorhaben wurde ein paar Jahre später in das Konzept eines größeren Vorhabens eingebunden. Das neue Ziel war es, den Großraum Köln besser mit dem Ruhrgebiet zu verbinden. 1909 setzten sich die Vertreter mehrerer Städte zusammen und gestalteten ein Schnellverkehrsnetz aus, dessen Rückgrat die Verbindung zwischen Köln und Dortmund bilden sollte. Fast 190 Kilometer Schiene waren dafür nötig – und Oberleitung, denn die Züge sollten elektrisch verkehren. Leider stieß man im Reichsverkehrsministerium auf taube Ohren, denn dort war man der Auffassung, die Preußische Staatsbahn würde das Kind schon schaukeln. Somit lag der erste Plan einer Schnellbahn Rhein–Ruhr auf Eis.

Neuer Anlauf nach dem Ersten Weltkrieg

1921 war es Direktor Schiffer des Rheinisch-Westfälischen Elektrizitätswerks (RWE), der den alten Plan aufgriff und zur Gründung der „Studiengesellschaft für die Rheinisch-Westfälische Schnellbahn" schritt. Eine ganz neue Strecke wurde ausgearbeitet, die zum Teil unterirdisch oder auf einem Hochgleis verlaufen sollte. Dabei sollten Geschwindigkeiten bis 130 km/h erreicht werden. Die Fahrzeit von Köln nach Dortmund würde sich fast halbieren. Doch eine Realisierung würde ungeheure Geldsummen verschlingen. Viele zweifelten an der Realisierungsmöglichkeit, noch dazu, wo in den angefahrenen Städten teils massive bauliche Veränderungen nötig waren. So verdienten letztlich nur die Verfasser von rund achtzig Gutachten an dem Projekt. Dass ein von der Reichsbahn in Auftrag gegebenes Gutachten die Pläne verwarf, überrascht nicht, denn der würde eine Realisierung der Schnellbahn massive Konkurrenz machen.

Es kam nun wie so oft: Ein ambitioniertes Projekt wurde zerredet und 1938 sang- und klanglos begraben. Es sollte noch dreißig Jahre dauern, bis im Raum Rhein/Ruhr eine S-Bahn eingerichtet wurde, doch ein eigenes Streckennetz hat sie nicht erhalten.

rgesehene Anschlüsse der Rheinisch-Westfälischen Schnellbahn
ln–Düsseldorf–Duisburg–Mülheim–Essen–Gelsenkirchen–Bochum–Langendreer–Dortmund

Seit den Neunzigern unterwegs

Die DB-Baureihe 423/433

92

Mit dieser S-Bahn-Baureihe gelang der DB AG ein wirklicher Fortschritt. Sie sollte in München die alten Baureihe 420/421 aus der Zeit der Einrichtung des S-Bahn-Netzes der Region ersetzen, wurde aber für andere Netze (S-Bahnen Köln, Rhein-Main, Rhein-Ruhr, Stuttgart) geordert. 423 bezeichnet den Triebwagen, 433 den angetriebenen Mittelwagen. Zwischen 1998 und 2006 wurden 462 Einheiten von LHB in Salzgitter und Adtranz gekauft.

Die Züge setzten neue Maßstäbe in puncto Wirtschaftlichkeit, Umweltfreundlichkeit, Fahrgastkomfort und Sicherheit. Sie erreichen eine Höchstgeschwindigkeit von 140 km/h. Die acht Drehstrom-Asynchronmotoren leisten jeweils 293,75 kW. Der Innenraum ist großzügiger gestaltet als bei den Vorgängern und er wird klimatisiert. Während der Fußball-Weltmeisterschaft 2006 waren einige Exemplare auch in Berlin im Einsatz.

Auf dem Weg zum Münchner Flughafen befindet sich 423 240 als Linie S1. Die Baureihe wurde speziell für die S-Bahn München konzipiert. Bild: Alexas_Fotos

423 166 der S-Bahn München auf der Stammstrecke. Bilder: Peter von Bechen/Pixelio.de (o.) // holzijue (u.)

In Holzkirchen wurde 423 211 in Sonderlackierung mit Werbung für das Bayernticket gesehen.

Bis zu 160 km/h schnell

Die DB-Baureihe 425/435

93

In einer großen Beschaffungsoffensive bestellte die DB vor der Jahrtausendwende in ansehnlicher Zahl Elektrolokomotiven und Triebwagen. Auch für den Regionalverkehr, in dem zum Teil noch alte Silberlinge eingesetzt worden waren, gab es großen Nachholbedarf. Mit der Baureihe 425/435 wurde eine Serie von Triebwagen beschafft, die mit der Baureihe 423/433 verwandt ist. Die wichtigsten Unterschiede sind schnell genannt: weniger Türen, weil im Regionalverkehr nicht so viele Fahrgastwechsel vorkommen, dafür Toiletten und eine etwas anders abgestimmte Getriebeabstufung. Dank Linienzugbeeinflussung (LZB) können die Züge bis zu 160 km/h erreichen.

Auch für den S-Bahn-Verkehr

Die insgesamt 256 Triebzüge wurden zwischen 1999 und 2008 von Adtranz, Siemens und Bombardier produziert. Sie können an verschiedenen Bahnsteighöhen eingesetzt werden. Die Innenausstattung entsprach weitgehend der Baureihe 423/433. Doch bereits bei den kürzeren S-Bahn-

425 225 auf der Linie S3 der S-Bahn RheinNeckar ist aus Germersheim in Karlsruhe angekommen. Der Zug besteht aus zwei vierteiligen Garnituren. Bild: Rudolpho Duba/Pixelio.de

425 581 war bei der Regionalbahn Regio NRW als Linie 42 Münster–Essen im Einsatz, hier bei der Ausfahrt aus dem Bahnhof Nottuln-Appelhülsen im westlichen Münsterland.
Bild: Erich Westendarp/Pixelio.de

Fahrten waren die Sitze der ersten Bauserie nicht nach dem Geschmack der Passagiere. Das wurde beim zweiten Baulos geändert. Die Baureihe wurde jedoch nicht nur im Regionalverkehr eingesetzt, sondern es wurden mit den Fahrzeugen der zweiten Bauserie (Baureihe 425.2) Züge für die S-Bahn Rhein-Neckar beschafft. Die Motorisierung der Züge erfolgt wie bei der 423/433 mit acht Drehstrom-Asynchronmotoren, die jeweils eine Leistung von 293,75 kW erbringen. Ab 2015 wurden viele Züge einem Redesign samt umfassender Modernisierung unterworfen, unter anderem mit Überwachungskameras für mehr Sicherheit. Seit einiger Zeit wird die 424/435 auch bei der S-Bahn Rhein-Main eingesetzt.

Die kleine Schwester Baureihe 426

Mit dieser Baureihe eng verwandt ist die Baureihe 426 aus den Jahren 2001/2002 mit vier Motoren. Sie ist nämlich eine kürzere, zweiteilige Variante und wird bei den S-Bahnen Rhein-Main, Rhein-Neckar und Stuttgart, leihweise eine Zeitlang auch in München, auf Strecken mit geringerem Fahrgastaufkommen eingesetzt.

Drei Länder – eine S-Bahn!

Die internationale S-Bahn Basel

94

Die Einigung Europas ist zuallererst ein Zusammenwachsen benachbarter Regionen. Eine vorbildliche Rolle spielt seit Jahren das Dreiländereck am Rhein: Elsass, Basel, Baden. Bereits in den 1970er-Jahren gab es in der Schweiz Menschen mit der Vision eines gemeinsamen Nahverkehrsnetzes der Region Basel mit den Räumen Freiburg und Lörrach in Deutschland und Mulhouse in Frankreich. Mit dem Flughafen Basel-Mülhausen hatte es schon Ende der 1940er-Jahre ein gemeinsames Projekt gegeben. 1986 wurde von den Staatsbahnen der drei Länder eine detaillierte Planung vorgelegt. Es dauerte dann aber noch elf Jahre an Planungen, Genehmigungsverfahren, Umbauten und Tests, bis 1997 die ersten beiden Linien eröffnen konnten.

Ausbau und Fahrzeuge

In dieser ersten Phase war Basel allerdings nur mit Mulhouse verbunden. Deutsche Fahrziele wurden erst 2002 eingebunden. Doch dann entwickelte sich das Netz sehr schnell weiter. Inzwischen befinden sich fünfzig Prozent der Stationen in Deutschland. In Frankreich gibt es derzeit nur sieben Bahnhöfe. Der Großteil des Verkehrs wird auf bereits bestehenden Strecken der Eisenbahn abgewickelt, ein paar Stationen wurden allerdings neu gebaut und der Bahnhof in Basel wird an den neuen Betrieb angepasst. Mit dem Projekt „Herzstück Basel"

Betreiber der S-Bahn
Schweizerische Bundesbahnen (SBB AG)
(deutsche) SBB GmbH
DB Regio
SNCF Voyageurs

soll in Zukunft für eine bessere Verknüpfung des Angebots gesorgt werden. Fahrzeugseitig besteht das Problem der unterschiedlichen technischen Voraussetzungen in den drei Ländern. Bei grenzüberschreitenden Linien mussten deshalb Mehrsystemzüge angeschafft werden. Die Fahrzeuge für Deutschland und die Schweiz stammen von Stadler und gehören zum Typ FLIRT. Die Frankreichstrecke wird mit Triebwagen der SNCF-Baureihe Z 27500 bedient.

In die Zukunft gedacht

2016 wurde die Bahn umbenannt und trägt nun die Bezeichnung „trireno S-Bahn Basel". Der zum Teil sehr löchrige Takt einiger Strecken soll verdichtet werden, um die S-Bahn noch attraktiver zu machen.

Die Baureihe RABe 521 stammt von den SBB und ist ein Stadler FLIRT. Bild: Pelerin/CC BY-SA 3.0

Zug der Basler S-Bahn bei der Einfahrt in den Lörracher Hauptbahnhof. Bild: Wladyslaw/CC-BY-SA-2.0-DE

Unverzichtbar im ÖPNV

Die S-Bahn in aller Welt

95

Die europäischen Großstadtgebiete verfügen in der Regel über ein relativ dichtes Netz an Nahverkehrszügen. Doch der Begriff S-Bahn, der für „Stadtschnellbahn", „Stadtbahn" oder „Schnellbahn" stehen kann, ist praktisch auf den deutschsprachigen Raum begrenzt. Nur in Dänemark heißt so ein Angebot S-tog. 1934 bekam Kopenhagen Zugverbindungen mit dieser Bezeichnung. In Brüssel gibt es seit 2015 eine S-Bahn. In weiteren Ländern ist das angebotene Verkehrsmittel der S-Bahn sehr ähnlich, hat aber einen ganz anderen Namen.

Vielfalt in Paris

Mit dem Réseau Express Régional (Regionales Expressnetz), abgekürzt RER, besitzt Paris seit 1977 ein ausgedehntes Schnellbahnnetz, das die Region an die Seine-Metropole anbindet. Es gehört wie die Métro zur RATP. Seit 1999 gibt es den Transilien, der von der SNCF betrieben

Der Transilien zeigt, dass die Übergänge zwischen S- und Regionalbahn fließend sind. Zu diesem Vorortzug-Netz gehören nämlich auch die S-Bahn-ähnlichen RER. Bild: Bombardier

Ein Doppeltriebzug der Stockholmer S-Bahn Pendeltåg auf ungefähr halbem Wege zwischen Uppsala und Stockholm-Central. Bild: Erich Westendarp/Pixelio.de

wird und ein Liniennetz von den Pariser Bahnhöfen in die Departements der Ile de France anbietet.

Über ein vielfältiges System an S-Bahnen verfügt die Region London. Dazu gehören Thameslink, London Overground oder Crossrail. In Liverpool gibt es die Merseyrail. Stockholm besitzt seit 1968 den Pendeltåg, womit der Regionalverkehr in städtische Hand kam. In Russland gibt es mit der „Elektritschka" in mehreren Städten eine Art von S-Bahn, darunter Moskau, Sotschi oder Wolgograd. In Italien werden S-Bahn-ähnliche Betriebe „Metropolitano" oder „Suburbano" genannt. Es gibt sie in mehreren Großstädten des Landes, darunter Rom, Turin, Mailand oder Neapel.

Besonders wichtig ist der Vorortverkehr für die Megastädte der Welt, so etwa für Tokio, Mexiko-Stadt oder einige US-amerikanische Städte. Individualverkehr, Busse und Straßenbahnen sind dort schon lange nicht mehr in der Lage, die Beförderungswünsche der Bürger zu erfüllen. Als Verbindung der Vororte und angrenzenden Regionen mit dem Oberzentrum kommt der S-Bahn – wie sie auch immer heißen mag – eine Schlüsselrolle zu. Es sei den Politikern deshalb ins Stammbuch geschrieben, dieses Verkehrsmittel entscheidend zu fördern.

Die Wiener Schnellbahn

Ein Kind des Wiederaufbaus nach 1945

96

Nach den schrecklichen Zerstörungen im Zweiten Weltkrieg machte man sich bei den Planungen für den Wiederaufbau auch Gedanken zur Schaffung eines als „Wiener Schnellbahn" bezeichneten leistungsfähigen Vorortverkehrs. 1955 begannen die Arbeiten und 1959 konnte die erste Strecke zwischen dem Hauptzollamt und Floridsdorf eingeweiht werden. Da der Abschnitt zunächst noch nicht elektrifiziert war, mussten Dampfloks aushelfen. Anfang 1962 war die gesamte Stammstrecke zwischen Meidling und Floridsdorf in Betrieb genommen worden.

Vorortelinie und Flughafenbahn

Für die Entwicklung der Schnellbahn war die Reaktivierung der Vorortelinie, die früher ein Teil der Stadtbahn war, von großer Bedeutung. Sie wurde 1987 als S45 eingegliedert. Mit dem Bau der S7 wurde zur Jahrtausendwende auch der Flughafen Schwechat ans S-Bahn-Netz angebunden. Mit den Fahrzeugen der Reihe 4024 wurden ab 2004 erstmals Niederflur-Züge eingesetzt. In weniger als einer halben Stunde erreicht man seitdem von Wien Mitte aus den Airport vor den Toren der Stadt. Eine Expressverbindung, der „CityAirportTrain", schafft es gegen saftigen Aufpreis sogar in 16 Minuten. Der Begriff „S-Bahn" wurde übrigens erst ab 2005 offiziell verwendet.

Ab 1979 wurden 120 Triebzüge der Reihe 4020 für die S-Bahn beschafft. 1986 steht 4020.092-5 in der ebenfalls 1979 eingeweihten Haltestelle Hollabrunn nördlich von Wien im Weinviertel.

Bild: Rudolf Semotan/VGA

Niederflur-Gliederzug vom Typ „Talent" auf dem Weg nach Hütteldorf. Bild: Adolf Riess/Pixelio.de

1958 auf der Großbaustelle der Schnellbahn beim Hauptzollamt in Wien. Bild: ÖNB / Hilscher

S-Bahn vor Gericht

Die Löschung der Wortmarke wurde erreicht

97

Der Begriff S-Bahn ist, wie wir gesehen haben, nicht einfach zu definieren. Die Deutsche Bahn hatte ihn 1999 ebenso wie das S-Bahn-Signet als Marke schützen lassen. Damit war es auch möglich, ganz allein Merchandising-Artikel oder andere Gegenstände mit dem S-Bahn-Logo zu verkaufen. Doch der Zweckverband für den Nahverkehrsraum Leipzig (ZVNL) sah im Schutz der Marke „S-Bahn" ein Wettbewerbshindernis und beantragte beim deutschen Patent- und Markenamt die Löschung.

Es kam zum Prozess. Das Bundespatentgericht gab am 14. März 2012 den Klägern Recht und bestätigte die Löschung der Wortmarke S-Bahn. Die DB ging in Berufung und am 22. Mai 2014 hat der I. Zivilsenat des Bundesgerichtshofs (BGH) die Rechtsbeschwerde der Deutschen Bahn AG zurückgewiesen. Der Begriff ist also wieder frei verwendbar – nicht jedoch das S-Bahn-Logo, das von diesem Verfahren nicht betroffen war.

Das S-Bahn-Logo ist allgemein bekannt. Doch wem der Begriff S-Bahn gehört und was genau eine S-Bahn ist, bleibt auch in Fachkreisen umstritten. Bild: Uwe Wattenberg/Pixelio.de

Monorails

98

Schon vielfach im Einsatz

Der russische Erfinder Ivan Kirillovich Elmanov soll 1820 der erste gewesen sein, der eine (Pferde-)Bahn baute, die auf nur einer Schiene fuhr. Anders als die zweischienige Bahn konnte sich die Einschienenbahn nie richtig durchsetzen. Dies hatte mehrere Gründe. Dazu gehörten die Problematik der Standfestigkeit, Schwierigkeiten bei der Konstruktion von Weichen und die mangelnde Eignung für den Transport schwerer Güter. Aus diesem Grund wurde diese Technik lange Jahre vergessen.

Ein zweites Leben – eher erlebnisorientiert

Erst ab den 1980ern hatte man sich wieder daran erinnert. So wurde 1988 die Monorail im australischen Sydney errichtet, 1996 der AirTrain im US-amerikanischen Newark erbaut. 2004 entstand die Monorail in Moskau, im gleichen Jahr eine Monorail in Las Vegas. Zahlreiche Monorailsysteme besitzt auch Japan. Oft werden sie auch in Erlebnisparks aufgebaut.

Die Monorail im Zentrum von Sydney wurde 1988 gebaut, 2013 aber eingestellt.
Sie fügte sich nicht in den ÖPNV ein und war vielen Anwohnern zu laut. Bild: Igor Kasalovic

S-Bahn auf Landtrip

Die Oberweißbacher Bergbahn

99

Wer im Thüringer Wald Urlaub macht, hat dort die einmalige Gelegenheit, mit der einzigen Standseilbahn der Deutschen Bahn AG zu fahren, einem Technikdenkmal par excellence, und mit ihr ein einzigartiges Ensemble aus modernen Alutriebwagen, Standseilbahn und historischen Stadtbahnwagen findet man südlich von Rottenbach bei einer Bahn, die nach Oberweißbach führt. Natur und Technik zeigen sich hier stimmig vereint!

Einzigartiges Verkehrsensemble

Für eine Reise zur Oberweißbacher Bergbahn besteigt man in Rottenbach die Schwarzatalbahn. Sie führt über Bechstedt-Trippstein nach Schwarzburg. Dort steht ein Schloss der Fürsten von Rudolstadt-Schwarzburg, das zweimal abgebrannt ist. Nur Teile wurden wieder aufgebaut. Jetzt geht es hinunter zum Straßendorf Sitzendorf, das eine entwickelte Porzellan-Industrie besitzt und wo man auch ein Bauernmuseum findet. Die Strecke wurde bis hierher nicht durch das Schwarzatal geführt, weil dort der Fürst in Ruhe jagen wollte. Nun geht es aber bis Katzhütte immer entlang der Schwarza durch eine idyllische Landschaft, wobei mehrere Brücken über den Fluss nötig wurden. Von hier aus kann man recht bequem die Werraquelle erwandern.

Ein besonderer Höhepunkt beginnt beim Haltepunkt Obstfelderschmiede auf der Strecke nach Katzhütte: Wir erreichen die Talstation der Oberweißbacher Bergbahn. Seit 1923 fährt hier eine Standseilbahn bis Lichtenhain. Die sehr steile Rampe hat größtenteils eine Steigung bis 250 Promille. Die breite

Bis zu 250 Promille Steigung machen die Oberweißbacher Bergbahn zu einer der steilsten Bergbahnen. Der Seilbahnwagen hat eine Spurweite von 1.800 mm.
Es ist die einzige Seilbahn, die von der Deutschen Bahn AG betrieben wird.
Bild: Christine Schmidt/Pixelio.de

Die beiden Triebwagen der Oberweißbacher Bergbahn auf der Flachstrecke. Als würde die alte Berliner S-Bahn Urlaub machen! Bild: Robert Köhn/Pixelio.de

Spurweite von 1.800 mm sollte bessere Standfestigkeit garantieren. Seit 1923 können Fahrgäste diese Standseilbahn benutzen. Bei schönem Wetter kann man sogar mit einem Cabriowagen fahren.

Es geht wieder flach weiter

In Lichtenhain an der Bergstation erfolgt der Umstieg in einen ganz besonderen Verkehrsträger. Es geht nämlich mit historischen Triebwagen wieder auf Normalspurgleisen in den Kurort Cursdorf. Auf der Flachstrecke der Oberweißbacher Bergbahn fahren die drei einzigen noch existierenden Triebwagen der Baureihe 279 der Reichsbahn der DDR. Die beiden ehemaligen ET 188 und der Steuerwagen VB 140 wurden 1992 in die Baureihe 479.2 umgezeichnet. Sie sehen der alten Berliner S-Bahn ähnlich und sind Umbauten älterer Fahrzeuge.

Im Ort Oberweißbach, der dieser Bahn den Namen gab, existiert noch das Geburtshaus des berühmten Pädagogen Friedrich Fröbel. Die gesamte Bahn mit der Kursbuchnummer 563 der Deutschen Bahn und einer Länge von fast vier Kilometern steht unter Denkmalschutz.

Gute Laune im Partyzug

Der Hanseat sorgt für S-Bahn-Vergnügen

100

Die 1958/59 bei der Waggonfabrik Uerdingen gebauten Doppeltriebwagen des Typs DT1, der elektrische Teil stammte von Siemens-Schuckert und der AEG, waren die erste nach dem Zweiten Weltkrieg beschaffte Baureihe der Hamburger Hochbahn. Zu den 50 ausgelieferten Einheiten gehörte auch der Doppeltriebwagen 9461/9462, der ab 1985 die Nummer 516 führte. Aus der Doppelnummer war damit eine einzige geworden – und das sollte sich später auch baulich widerspiegeln im Einbau eines Verbindungsgangs.

Einsatz auf der Hochbahn

Unser Fahrzeug absolvierte zwischen 1958 und seiner Ausmusterung 1991 rund 1,5 Millionen Kilometer auf der Hochbahn. 1969 war es umlackiert worden und hatte einen grauen Grundton mit roten Türen und roter Front bekommen. Damit war es optisch an die neuen Baureihen DT2 und DT3 angeglichen worden. Ab 1971 war es nur noch in den Stoßzeiten als Verstärkungswagen aktiv. Durch seine Stahlbauweise ist Nummer 516 recht schwer, weshalb die acht Motoren mit jeweils 74 kW (zwei Motoren je Drehgestell) recht viel Strom brauchen. Mit der Einführung der neuen Fahrzeuge der Baureihe DT4 kam ab 1988 das Aus für die Uerdinger Doppeltriebwagen. Nur vier Exemplare blieben vor der Verschrottung verschont. Dazu gehört auch Nummer 516. Er rostete einige Jahre vor sich hin, doch dann ereignete sich etwas, das für Nummer 516 nichts anderes bedeutete als eine

Der „Hanseat" ist ein Partyzug und eine tolle Location für Jam Sessions. Da der zweite Wagen mit einer Tanzfläche viel Freiraum bietet, sind auch kleinere Konzerte möglich. Die Musiker haben gut Platz und sogar ein Klavier ist kein Problem. Der Mieter des Fahrzeugs hat hier alle Möglichkeiten.

Bild: Bernd Sterzl/Pixelio.de

Der „Hanseat" in seiner ganzen Pracht auf einer Feierfahrt. Während der Corona-Pandemie gilt auch für ihn ein Party- und Fahrverbot. Bild: Bernd Sterzl/Pixelio.de

Auferstehung. 1997 kam er nämlich in der Betriebswerkstätte Barmbek unter den Hammer.

Doch das ist jetzt wörtlich gemeint, denn die Beschäftigten dort restaurierten den Doppeltriebwagen feinsäuberlich, gaben ihm seine originale Lackierung zurück, gestalteten den einen Wagenteil zum Salonwagen um und schufen im anderen eine zehn Quadratmeter große Tanzfläche und einen großzügigen Tresenbereich. Im Zuge der Umbaumaßnahmen wurden auch die beiden Fahrzeugteile durch einen Durchgang miteinander verbunden. Damit waren die idealen Voraussetzungen für einen Partyzug geschaffen.

Einsatz als „Hanseat"

Firmenjubiläum, Pressekonferenz, Vereinsfeier oder Hochzeit – den Gelegenheiten sind keine Grenzen gesetzt. Man kann den „Hanseat" für seine Feier mieten und auf einer beliebigen Strecke durch Hamburg fahren. Im einen Teil stehen 28 Sitzplätze mit Tischchen zur Verfügung. Das Catering bucht man nach Wunsch dazu. Die anderen der bis zu 50 Gäste feiern derweil an der Theke, plaudern unbeschwert oder tanzen.

Lichtdurchflutet, sauber und am Bahnsteig wartet schon die S-Bahn. So stellt man sich ein modernes und zukunftsträchtiges Massenverkehrsmittel vor. Bild: Michael Berger/Pixelio.de

Verständerung und Klima

Die Zukunft der S- und U-Bahnen

Es ist nicht nur der Behördenschimmel, der hierzulande oftmals den Ausbau des schienengebundenen öffentlichen Personennahverkehrs aus-
bremst. Mit Staunen schaut so mancher nach China, wo ein Metronetz
nach dem anderen in Rekordzeit entsteht. Warum geht so etwas bei uns
nicht? Sind wir zu satt, zu träge, zu alt geworden? – Wahrscheinlich sind wir
einfach Opfer einer falschen Weltanschauung geworden. Mit dem Triumph
des Westens über den Warschauer Pakt hat sich ein Turbokapitalismus entwickelt, dem alles untergeordnet wird. Gewinnmaximierung ist die neue
Religion, da kann schon mal die eine oder andere Errungenschaft der sozia-
len Marktwirtschaft auf der Strecke bleiben. Kliniken müssen Gewinn machen, Altersheime sorgen für eine gute Rendite, mit Bussen und Bahnen
will man viel Geld verdienen. Mit dem Privatisierungswahn der 1990er
wurde die Idee der Grundversorgung aufgegeben. Der Staat hat sich von
vielen seiner entscheidenden Aufgaben verabschiedet. Kostendeckend arbeiten, der Fetisch so manchen Politikers. Doch wenn eine U-Bahn, ein
Krankenhaus, ein Pflegeheim adäquat arbeiten soll und den Kunden, Pa-
tienten oder Mitarbeiter in den Mittelpunkt stellt, verursacht das Kosten.
Und es gehört zur Schutzaufgabe des Staates, diese zu tragen.

Weckruf Klimawandel und Corona?

Wer volkswirtschaftlich langfristig denkt, muss stets die Folgekosten
mitkalkulieren. Diese Einsicht dämmert immer mehr Menschen. Öffentliche Verkehrsmittel sind im Kampf gegen die Klimakatastrophe eine
wichtige Waffe. Nicht umsonst kommen Konzepte wie ein 365-Euro-Ti-
cket oder kostenfreie Fahrten als Versprechungen der Politik inzwischen gut
an. Dazu gehört es aber auch, die Taktfrequenzen zu verbessern oder still-
gelegte Verbindungen auf dem Land wieder zu reaktivieren.

Gerade in der Verkehrspolitik ist vieles möglich. Aber auch in der Produktion von neuen Fahrzeugen, die immer sparsamer und umweltfreundlicher
werden. Anstöße wie die eines Elon Musk fördern kreative Ideen und genau
die sind nötig, wenn man eine nachhaltige Mobilität erreichen will. Corona
hat gezeigt, dass viele Wege gar nicht unbedingt nötig sind. Leider wurde aber
auch klar, wie anfällig der Massenverkehr für Ansteckungen ist. Man muss vor-
sichtig und diszipliniert sein. Man muss kreativ sein und nicht auf kurzfristige
Gewinnmaximierung schauen. Dann haben S- und U-Bahnen Zukunft.

Erlebnis S- und U-Bahn 191

Impressum

Verantwortlich: Lothar Reiserer
Satz: Azurmedia, Augsburg
Korrektur: Andreas Greiser
Einbandgestaltung: Lothar Reiserer/Ralph Hellberg
Herstellung: Anna Katavic
Repro: LUDWIG:media
Printed in Slovenia by Florjancic

Sind Sie mit diesem Titel zufrieden? Dann würden wir uns über Ihre Weiterempfehlung freuen.
Erzählen Sie es im Freundeskreis, berichten Sie Ihrem Buchhändler oder bewerten Sie bei Ihrem nächsten Onlinekauf. Und wenn Sie Kritik, Korrekturen oder Aktualisierungen haben, freuen wir uns über Ihre Nachricht an GeraMond Verlag, Postfach 40 02 09, D-80702 München oder per E-Mail an lektorat@verlagshaus.de.

Unser komplettes Programm finden Sie unter 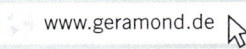 www.geramond.de

Alle Angaben dieses Werkes wurden vom Autor sorgfältig recherchiert und auf den aktuellen Stand gebracht sowie vom Verlag geprüft. Für die Richtigkeit der Angaben kann jedoch keine Haftung übernommen werden.

Die Deutsche Nationalbibliothek verzeichnet diese Publikation in der Deutschen Nationalbibliografie; detaillierte bibliografische Daten sind im Internet über http://dnb.d-nb.de abrufbar.